视觉引流

网店美工**操作实战**

曹天佑
王红蕾 编著
刘东美

清华大学出版社
北 京

内容简介

本书以实例和设计理论相结合的方式介绍了美工在网店装修方面的各个知识点，包括从最初的网店美工应该掌握的技能操作到网店中需要引流的模块制作和理论讲解。作者精心设计了多个与店铺视觉引流模块相关的实例，其中包含网店外部吸引流量的直通车、钻展图和店标的制作，店铺内部吸引流量的通栏广告、店招、商品广告、店铺收藏、店铺公告、详情页等知识与效果。

本书由一线电子商务网店美工教师和广告设计教师编写，全书共分8章，依次讲解了网店美工须掌握的基础操作、网店外部区域引流图像设计与制作、网店首屏元素设计与制作、商品广告图像设计与制作、快速导航区设计与制作、店铺公告模板设计与制作、店铺收藏与客服应用以及详情页设计与制作。

本书兼具技术手册和应用技巧参考手册的特点，技术实用，讲解清晰，不仅适合想自己装修店铺的初中级读者和网店美工，也可以作为大中专院校相关专业及电子商务方面培训班的教材。

图书在版编目(CIP)数据

视觉引流：网店美工操作实战 / 曹天佑，王红蕾，刘东美编著. —北京：清华大学出版社，2019（2022.1重印）
ISBN 978-7-302-52956-9

Ⅰ.①视… Ⅱ.①曹… ②王… ③刘… Ⅲ.①网店—设计 Ⅳ.①F713.361.2

中国版本图书馆 CIP 数据核字（2019）第 085633 号

责任编辑： 韩宜波
封面设计： 李　坤
责任校对： 李玉茹
责任印制： 杨　艳

出版发行： 清华大学出版社
网　　址： http://www.tup.com.cn，http://www.wqbook.com
地　　址： 北京清华大学学研大厦 A 座　　**邮　　编：** 100084
社 总 机： 010-62770175　　**邮　　购：** 010-62786544
投稿与读者服务： 010-62776969，c-service@tup.tsinghua.edu.cn
质 量 反 馈： 010-62772015，zhiliang@tup.tsinghua.edu.cn
印 装 者： 小森印刷（北京）有限公司
经　　销： 全国新华书店
开　　本： 185mm×260mm　　**印　　张：** 14　　**字　　数：** 340 千字
版　　次： 2019 年 6 月第 1 版　　**印　　次：** 2022 年 1 月第 4 次印刷
定　　价： 59.80 元

产品编号：081232-01

PREFACE 前言

拥有好的美工的网店可以不与同行拼进货渠道、拼物流、拼价格等硬性指标，因为浏览者有很大一部分都是通过网店中的视觉效果被吸引进来的。这部分的流量完全可以靠美工来实现！

网店的视觉引流可以分为两个阶段：一个是店铺内部的首页和详情页的视觉效果；另一个是未进店时的直通车、钻展图等视觉效果。无论是哪个阶段，只要网店美工的功底较为深厚，就可以完成这项目标。网店美工所负责的任务就是专门使网店在视觉上起到夺人眼球的作用，吸引买家进入店铺，在店铺中又再次让买家被里面的其他商品宣传所吸引，从而给卖家带来经济效益。市场上关于网店美工的书籍主要以理论、案例操作类和教程类为主。本书与其他同类书籍的不同之处在于，不仅在淘宝网店各个元素、店外的直通车图片、钻展图片上都有精心的实例，还在具体的图片来源、配色、修正等方面进行了理论与实例相结合的详细讲解，真正做到了手把手教初学者轻松了解网店美工各个实操部分，让用户花最少的钱，得到最大化的收益。

本书在最初的策划阶段就是本着在吸引买家的注意、在网店各个吸引视觉流量的图像方面进行的。作者有着多年丰富的电商和广告教学经验、网店经营以及装修的实际设计工作经验，并将自己在网店的视觉效果装修过程中总结的经验和技巧展现给读者，希望读者能够在体会装修过程中应用各个软件强大功能的同时，将设计创意和设计理念通过软件反映到网店中的视觉效果上来。更希望通过本书能够帮助您解决开店时遇到的设计难题。

本书特点

本书的内容安排由浅入深、循序渐进、丰富多彩，力争涵盖网店视觉及装修的全部知识点。以实例结合理论的方式对网店装修进行了实际应用的讲解，使读者在学习时少走弯路。

本书具有以下特点。

- 内容全面，几乎涵盖了网店装修所涉及的视觉图像、配色和整体店铺装修的各个方面。从商品图像设计的一般流程入手，逐步引导读者学习网店中所涉及的各种技能。
- 语言通俗易懂，讲解清晰，前后呼应，以最小的篇幅、最易读懂的语言来讲解每一项功能和每一个实例，让您学习起来更加轻松，阅读更加容易。

- 实例丰富，技巧全面实用，技术含量高，与实践紧密结合。每一个实例都倾注了作者多年的实践经验，每一个功能都已经过实操验证。
- 注重理论与实践相结合。本书中实例的操作都是通过软件的某个重要知识点展开，使读者更容易理解和掌握，从而方便知识点的记忆，进而能够举一反三。

本书章节安排

本书循序渐进地讲解了网店美工在工作时所需要的各方面知识。全书共分为8章，依次讲解了网店美工须掌握的基础操作、网店外部区域引流图像设计与制作、网店首屏元素设计与制作、商品广告图像设计与制作、快速导航区设计与制作、店铺公告模板设计与制作、店铺收藏与客服应用以及详情页设计与制作。

本书读者对象

本书主要面向想开网店的初、中级读者，是一本非常适合网店装修的美工学习教材。全书从简单的基础开始，再循序渐进地进行讲解。对于以前没有接触过网上开店或自己装修的读者也可轻松入门，对于已经可以自己进行网店店铺装修的读者，同样可以从中快速了解本书中的网店美工基础、店外引流提升转化率以及网店各个可装修元素方面的知识点，自如地踏上新的台阶。

本书由曹天佑、王红蕾和刘东美编著，其他参与编写的人员还有陆沁、吴国新、时延辉、戴时影、刘绍婕、尚彤、张叔阳、葛久平、孙倩、殷晓峰、谷鹏、胡渤、张希、赵岫、张猛、齐新、王海鹏、刘爱华、张杰、张凝、王君赫、潘磊、周荥、周莉、金雨、陆鑫、刘智梅、黄友良、蒋立军、蒋岚、蒋玉、苏丽荣、谭明宇、李岩、吴承国、陶卫锋、孟琦、曹培军、沈桂军、关向东、刘丹、王凤展、卜彦波、祁淑玲、吴忠民、袁震寰、田秀云、李垚、郎琦、谢振勇、霍宏、王威、王建红、程德东、杨秀娟、刘琳、张文超、郭瑞金、孙名军等。

由于作者水平有限，书中疏漏和错误之处在所难免，敬请读者批评指正。

本书提供了案例所需的素材、源文件、视频文件以及PPT课件，同时还赠送大量的Photoshop的基础内容视频、动作、画笔、图案、形状、样式，通过扫描下面的二维码，推送到自己的邮箱后下载获取。

书中所需文件

赠送文件(1)

赠送文件(2)

编　者

CONTENTS
目录

第1章 网店美工须掌握的基础操作

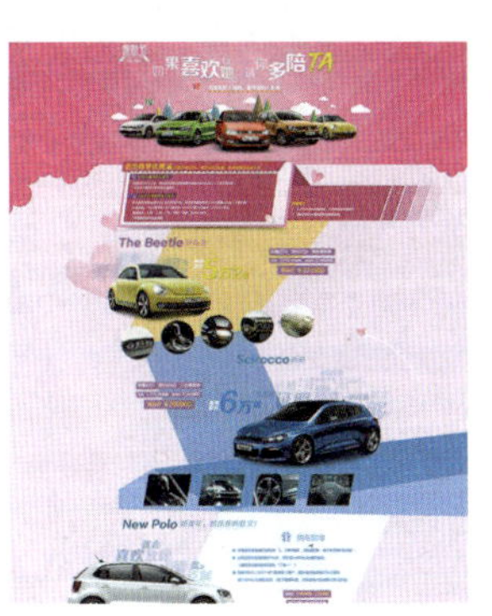

第2章 网店外部区域引流图像设计与制作

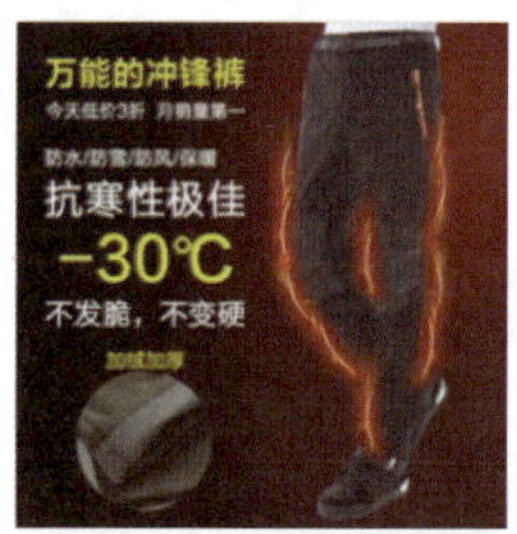

第3章 网店首屏元素设计与制作

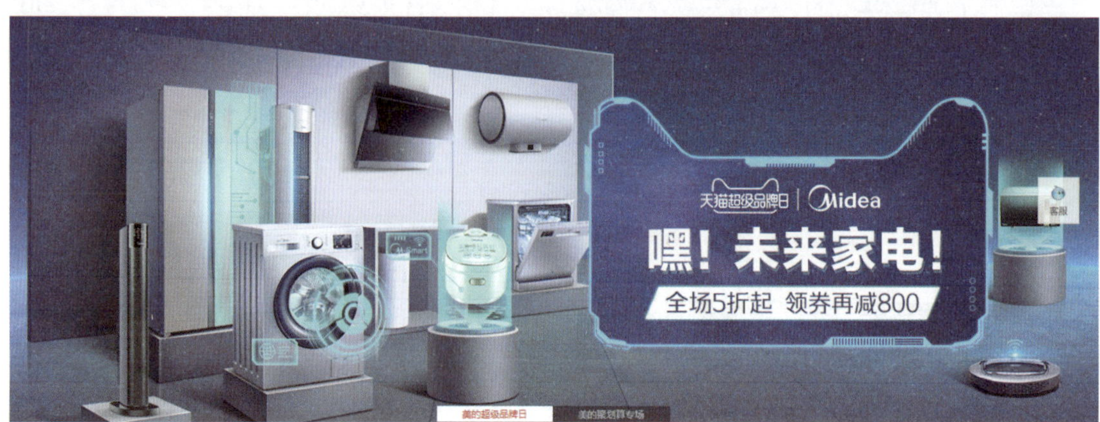

第4章

商品广告图像设计与制作

第5章

快速导航区设计与制作

第6章

店铺公告模板设计与制作

第7章 店铺收藏与客服应用

第8章 详情页设计与制作

第1章 网店美工须掌握的基础操作

网络的快速发展促使当今的美工行业不得不重新进行规划，尤其是网上店铺的大量开张，催生了一个新的美工工种，也就是常说的网店美工。既然已经形成了这个职业，就要了解这一职业，以及从事此职业需要掌握哪些基础知识。

网店美工不是仅对图片进行美化和合成，还要对网店的配色、整体和局部的布局进行精心的设计。

对于专业从事网店美工效果设计的人员来说，掌握并精通Photoshop就几乎可以完成图像处理与设计的全部工作了，如果想进一步优化自己的作品，再接触一些矢量绘制方面的软件，如CorelDRAW（简称CDR）、Adobe Illustrator（简称AI）等，就更加如虎添翼了。

网店美工可以让商品展现得更加靓丽、更加吸人眼球，如图1-1所示。

图1-1 经网店美工处理过的图片

1.1 网店配色基础

网店中配色格调能够左右店铺风格。进入店铺后，能够对买家形成第一印象的重要因素就是网店的页面色彩，一个网店拥有漂亮的颜色配比，比其他任何设计要素都重要，因为色彩是主导买家视觉的第一因素，它不但可以给买家留下深刻的印象，而且还可以产生很强烈的视觉效果。

本节就来为大家讲解网店配色基础方面的知识。

1.1.1 色彩原理

了解如何创建颜色以及如何将颜色相互关联，可让您在使用Photoshop时更有效地工作。只有对基本颜色原理进行了了解，才能将作品形成和谐的结果，而不是偶然获得某种效果。在对颜色进行创建的过程中，可以依据加色原色（RGB）、减色原色（CMYK）和色轮来完成最终效果。

本章重点

- 网店配色基础
- 网店图像的布局
- 美工修图基础
- 网店中常用的美工抠图

加色原色是指当3种色光（红色、绿色和蓝色）按照不同的组合添加在一起时，可以生成可见色谱中的所有颜色。添加等量的红色、蓝色和绿色可以生成白色。完全缺少红色、蓝色和绿色将生成黑色。计算机的显示器就是使用加色原色来创建颜色的设备，如图1-2所示。

减色原色是指当一些颜料按照不同的组合添加在一起时，可以创建一个色谱。与显示器不同，打印机使用减色原色（青色、洋红色、黄色和黑色颜料）并通过减色混合来生成颜色。使用“减色”这个术语是因为这些原色都是纯色，将它们混合在一起后生成的颜色都是原色的不纯版本。例如，橙色是通过将洋红色和黄色进行减色混合创建的，如图1-3所示。

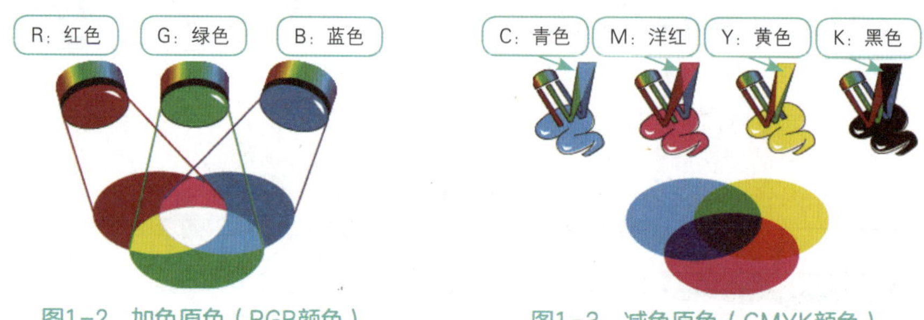

图1-2　加色原色（RGB颜色）　　图1-3　减色原色（CMYK颜色）

如果您是第一次调整颜色分量，在处理色彩平衡时手头有一个标准色轮图表会很有帮助。可以使用色轮来预测更改一个颜色分量会如何影响其他颜色，并了解这些更改如何在RGB和CMYK颜色模式之间转换。

例如，通过增加色轮中相反颜色的数量，可以减少图像中某一颜色的数量；反之亦然。在标准色轮上，处于相对位置的颜色称为补色。同样，通过调整色轮中两个相邻的颜色，甚至将两个相邻的色彩调整为其相反的颜色，可以增加或减少一种颜色。

在CMYK图像中，可以通过减少洋红色数量或增加其互补色的数量来减淡洋红色，洋红色的互补色为绿色（在色轮上位于洋红色的相对位置）。在RGB图像中，可以通过删除红色和蓝色或通过添加绿色来减少洋红色。所有这些调整都会得到一个包含较少洋红色的整体色彩平衡，在调整时可以依据色轮来进行对比操作，如图1-4所示。

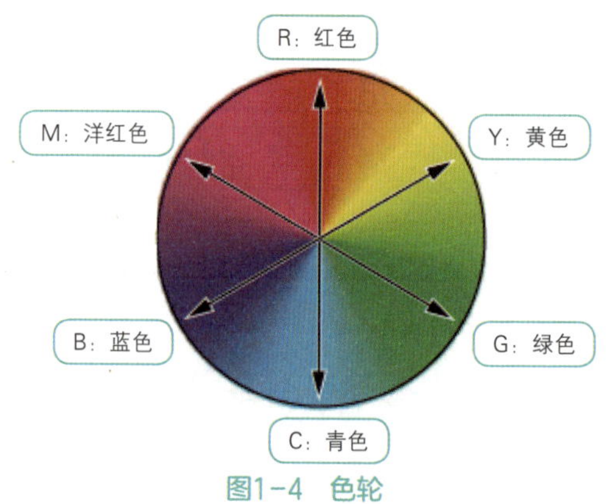

图1-4　色轮

三原色：RGB颜色模式主要运用到电子设备中，如电视和计算机，在传统摄影中也有应用。在电子时代之前，基于人类对颜色的感知，RGB颜色模式已经有了坚实的理论支撑，如图1-5所示。

在美术上又把红、黄、蓝定义为色彩三原色，但是品红加适量黄可以调出大红（红=M100+Y100），而大红却无法调出品红；青加适量品红可以得到蓝（蓝=C100+M100），而蓝加绿得到的却是不鲜艳的青；用黄、品红、青三色能调配出更多的颜色，而且纯正、鲜艳。用青加黄调出的绿（绿=Y100+C100），比蓝加黄调出的绿更加纯正与鲜艳，而后者调出的却较为灰暗；品红加青调出的紫

（紫=C20+M80）是很纯正的，而大红加蓝只能得到灰紫等。此外，从调配其他颜色的情况来看，都是以黄、品红、青为其原色，色彩更为丰富、色光更为纯正且鲜艳（在3ds Max中，三原色为红、黄、蓝），如图1-6所示。

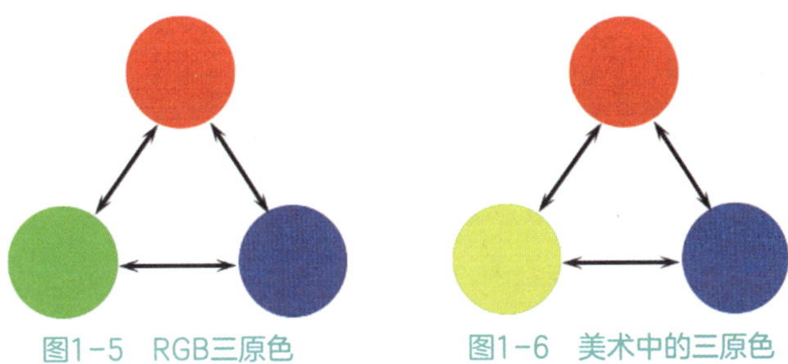

图1-5　RGB三原色　　图1-6　美术中的三原色

二次色：在RGB颜色模式中由红色+绿色变为黄色，红色+蓝色变为紫色，蓝色+绿色变为青色；在绘画中三原色的二次色为红色+黄色变为橙色，黄色+蓝色变为绿色，蓝色+红色变为紫色，如图1-7和图1-8所示。

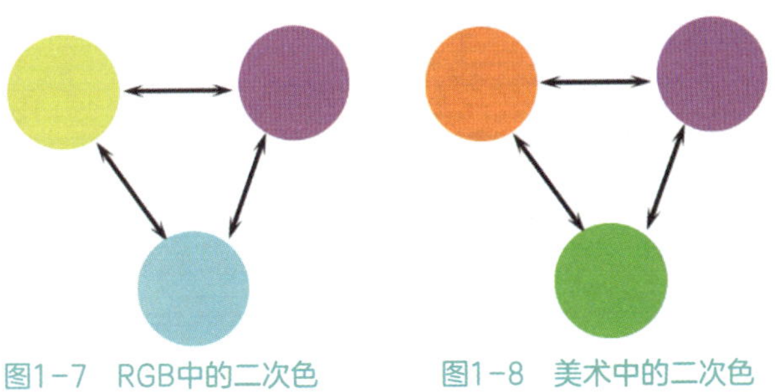

图1-7　RGB中的二次色　　图1-8　美术中的二次色

1.1.2　网页安全色

网店中的颜色是依托网络的，所以安全色就是指网页安全色（也称网络安全色，或Web安全色）。网页安全色是当红色、绿色、蓝色颜色数字信号值为0、51、102、153、204、255时构成的颜色组合，它共有 6×6×6 = 216 种颜色（其中彩色为210种，非彩色为6种），如图1-9所示。

216种网页安全色是指在不同硬件环境、不同操作系统、不同浏览器中都能够正常显示的颜色集合（调色板），也就是说，这些颜色在任何终端浏览，用户显示设备上的显示效果都是相同的。所以，使用216种网页安全色进行网页配色可以避免原有的颜色失真现象。

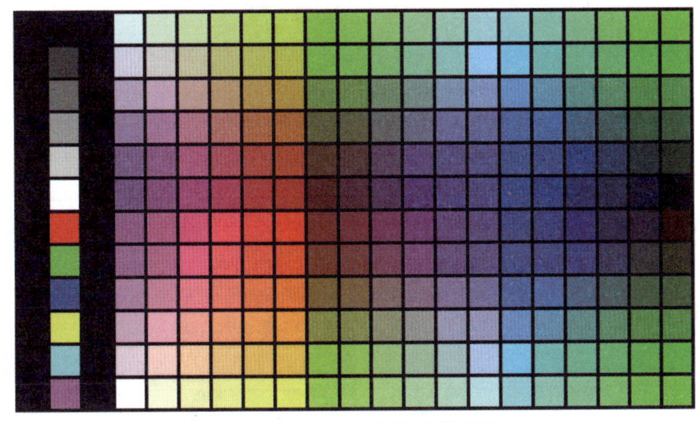

图1-9　网页安全色（简图）

详细的网页安全色如图1-10所示。

000000 R - 000 G - 000 B - 000	333333 R - 051 G - 051 B - 051	666666 R - 102 G - 102 B - 102	999999 R - 153 G - 153 B - 153	CCCCCC R - 204 G - 204 B - 204	FFFFFF R - 255 G - 255 B - 255
000033 R - 000 G - 000 B - 051	333300 R - 051 G - 051 B - 000	666600 R - 102 G - 102 B - 000	999900 R - 153 G - 153 B - 000	CCCC00 R - 204 G - 204 B - 000	FFFF00 R - 255 G - 255 B - 000
000066 R - 000 G - 000 B - 102	333366 R - 051 G - 051 B - 102	666633 R - 102 G - 102 B - 051	999933 R - 153 G - 153 B - 051	CCCC33 R - 204 G - 204 B - 051	FFFF33 R - 255 G - 255 B - 051
000099 R - 000 G - 000 B - 153	333399 R - 051 G - 051 B - 153	666699 R - 102 G - 102 B - 153	999966 R - 153 G - 153 B - 102	CCCC66 R - 204 G - 204 B - 102	FFFF66 R - 255 G - 255 B - 102
0000CC R - 000 G - 000 B - 204	3333CC R - 051 G - 051 B - 204	6666CC R - 102 G - 102 B - 204	9999CC R - 153 G - 153 B - 204	CCCC99 R - 204 G - 204 B - 153	FFFF99 R - 255 G - 255 B - 153
0000FF R - 000 G - 000 B - 255	3333FF R - 051 G - 051 B - 255	6666FF R - 102 G - 102 B - 255	9999FF R - 153 G - 153 B - 255	CCCCFF R - 204 G - 204 B - 255	FFFFCC R - 255 G - 255 B - 204
003300 R - 000 G - 051 B - 000	336633 R - 051 G - 102 B - 051	669966 R - 102 G - 153 B - 102	99CC99 R - 153 G - 204 B - 153	CCFFCC R - 204 G - 255 B - 204	FF00FF R - 255 G - 000 B - 255
006600 R - 000 G - 102 B - 000	339933 R - 051 G - 153 B - 051	66CC66 R - 102 G - 204 B - 102	99FF99 R - 153 G - 255 B - 153	CC00CC R - 204 G - 000 B - 204	FF33FF R - 255 G - 051 B - 255
009900 R - 000 G - 153 B - 000	33CC33 R - 051 G - 204 B - 051	66FF66 R - 102 G - 255 B - 102	990099 R - 153 G - 000 B - 153	CC33CC R - 204 G - 051 B - 204	FF66FF R - 255 G - 102 B - 255
00CC00 R - 000 G - 204 B - 000	33FF33 R - 051 G - 255 B - 051	660066 R - 102 G - 000 B - 102	993399 R - 153 G - 051 B - 153	CC66CC R - 204 G - 102 B - 204	FF99FF R - 255 G - 153 B - 255
00FF00 R - 000 G - 255 B - 000	330033 R - 051 G - 000 B - 051	663366 R - 102 G - 051 B - 102	996699 R - 153 G - 102 B - 153	CC99CC R - 204 G - 153 B - 204	FFCCFF R - 255 G - 204 B - 255
00FF33 R - 000 G - 255 B - 051	330066 R - 051 G - 000 B - 102	663399 R - 102 G - 051 B - 153	9966CC R - 153 G - 102 B - 204	CC99FF R - 204 G - 153 B - 255	FFCC00 R - 255 G - 204 B - 000
00FF66 R - 000 G - 255 B - 102	330099 R - 051 G - 000 B - 153	6633CC R - 102 G - 051 B - 204	9966FF R - 153 G - 102 B - 255	CC9900 R - 204 G - 153 B - 000	FFCC33 R - 255 G - 204 B - 051
00FF99 R - 000 G - 255 B - 153	3300CC R - 051 G - 000 B - 204	6633FF R - 102 G - 051 B - 255	996600 R - 153 G - 102 B - 000	CC9933 R - 204 G - 153 B - 051	FFCC66 R - 255 G - 204 B - 102
00FFCC R - 000 G - 255 B - 204	3300FF R - 051 G - 000 B - 255	663300 R - 102 G - 051 B - 000	996633 R - 153 G - 102 B - 051	CC9966 R - 204 G - 153 B - 102	FFCC99 R - 255 G - 204 B - 153
00FFFF R - 000 G - 255 B - 255	330000 R - 051 G - 000 B - 000	663333 R - 102 G - 051 B - 051	996666 R - 153 G - 102 B - 102	CC9999 R - 204 G - 153 B - 153	FFCCCC R - 255 G - 204 B - 204
00CCCC R - 000 G - 204 B - 204	33FFFF R - 051 G - 255 B - 255	660000 R - 102 G - 000 B - 000	993333 R - 153 G - 051 B - 051	CC6666 R - 204 G - 102 B - 102	FF9999 R - 255 G - 153 B - 153
009999 R - 000 G - 153 B - 153	33CCCC R - 051 G - 204 B - 204	66FFFF R - 102 G - 255 B - 255	990000 R - 153 G - 000 B - 000	CC3333 R - 204 G - 051 B - 051	FF6666 R - 255 G - 102 B - 102
006666 R - 000 G - 102 B - 102	339999 R - 051 G - 153 B - 153	66CCCC R - 102 G - 204 B - 204	99FFFF R - 153 G - 255 B - 255	CC0000 R - 204 G - 000 B - 000	FF3333 R - 255 G - 051 B - 051

图1-10 网页安全色（详图）

003333 R - 000 G - 051 B - 051	336666 R - 051 G - 102 B - 102	669999 R - 102 G - 153 B - 153	99CCCC R - 153 G - 204 B - 204	CCFFFF R - 204 G - 255 B - 255	FF0000 R - 255 G - 000 B - 000
003366 R - 000 G - 051 B - 102	336699 R - 051 G - 102 B - 153	6699CC R - 102 G - 153 B - 204	99CCFF R - 153 G - 204 B - 255	CCFF00 R - 204 G - 255 B - 000	FF0033 R - 255 G - 000 B - 051
003399 R - 000 G - 051 B - 153	3366CC R - 051 G - 102 B - 204	6699FF R - 102 G - 153 B - 255	99CC00 R - 153 G - 204 B - 000	CCFF33 R - 204 G - 255 B - 051	FF0066 R - 255 G - 000 B - 102
0033CC R - 000 G - 051 B - 204	3366FF R - 051 G - 102 B - 255	669900 R - 102 G - 153 B - 000	99CC33 R - 153 G - 204 B - 051	CCFF66 R - 204 G - 255 B - 102	FF0099 R - 255 G - 000 B - 153
0033FF R - 000 G - 051 B - 255	336600 R - 051 G - 102 B - 255	669933 R - 102 G - 153 B - 051	99CC66 R - 153 G - 204 B - 102	CCFF99 R - 204 G - 255 B - 153	FF00CC R - 255 G - 000 B - 204
0066FF R - 000 G - 102 B - 255	339900 R - 051 G - 153 B - 000	66CC33 R - 102 G - 204 B - 051	99FF66 R - 153 G - 255 B - 102	CC0099 R - 204 G - 000 B - 153	FF33CC R - 255 G - 051 B - 204
0099FF R - 000 G - 153 B - 255	33CC00 R - 051 G - 204 B - 000	66FF33 R - 102 G - 255 B - 051	990066 R - 153 G - 000 B - 102	CC3399 R - 204 G - 051 B - 153	FF66CC R - 255 G - 102 B - 204
00CCFF R - 000 G - 204 B - 255	33FF00 R - 051 G - 255 B - 000	660033 R - 102 G - 000 B - 051	993366 R - 153 G - 051 B - 102	CC6699 R - 204 G - 102 B - 153	FF99CC R - 255 G - 153 B - 204
00CC33 R - 000 G - 204 B - 051	33FF66 R - 051 G - 255 B - 102	660099 R - 102 G - 000 B - 153	9933CC R - 153 G - 051 B - 204	CC66FF R - 204 G - 102 B - 255	FF9900 R - 255 G - 153 B - 000
00CC66 R - 000 G - 204 B - 102	33FF99 R - 051 G - 255 B - 153	6600CC R - 102 G - 000 B - 204	9933FF R - 153 G - 051 B - 255	CC6600 R - 204 G - 102 B - 000	FF9933 R - 255 G - 153 B - 051
00CC99 R - 255 G - 204 B - 153	33FFCC R - 051 G - 255 B - 204	6600FF R - 102 G - 000 B - 255	993300 R - 153 G - 051 B - 000	CC6633 R - 204 G - 102 B - 051	FF9966 R - 255 G - 153 B - 102
009933 R - 000 G - 153 B - 051	33CC66 R - 051 G - 204 B - 102	66FF99 R - 102 G - 255 B - 153	9900CC R - 153 G - 000 B - 204	CC33FF R - 204 G - 051 B - 255	FF6600 R - 255 G - 102 B - 000
006633 R - 000 G - 102 B - 051	339966 R - 051 G - 153 B - 102	66CC99 R - 102 G - 204 B - 153	99FFCC R - 153 G - 255 B - 204	CC00FF R - 204 G - 000 B - 255	FF3300 R - 255 G - 051 B - 000
009966 R - 000 G - 153 B - 102	33CC99 R - 051 G - 204 B - 153	66FFCC R - 102 G - 255 B - 204	9900FF R - 153 G - 000 B - 255	CC3300 R - 204 G - 051 B - 000	FF6633 R - 255 G - 102 B - 051
0099CC R - 000 G - 153 B - 204	33CCFF R - 051 G - 204 B - 255	66FF00 R - 102 G - 255 B - 000	990033 R - 153 G - 000 B - 051	CC3366 R - 204 G - 051 B - 102	FF6699 R - 255 G - 102 B - 153
0066CC R - 000 G - 102 B - 204	3399FF R - 051 G - 153 B - 255	66CC00 R - 102 G - 204 B - 000	99FF33 R - 153 G - 255 B - 051	CC0066 R - 204 G - 000 B - 102	FF3399 R - 255 G - 051 B - 153
006699 R - 000 G - 102 B - 153	3399CC R - 051 G - 153 B - 204	66CCFF R - 102 G - 204 B - 255	99FF00 R - 153 G - 255 B - 000	CC0033 R - 204 G - 000 B - 051	FF3366 R - 255 G - 051 B - 102

图1-10 网页安全色（详图）（续）

1.1.3 网店色彩分类

色彩在具体的分类中可以分为无彩色和有彩色两种；在为网店装修时，页面的色彩根据其作用的不同可以分为3类，即静态色彩、动态色彩和强调色彩。

1. 无彩色

无彩色指由黑、白相混合组成的不同灰度的灰色系列，此颜色在光的色谱中是看不到的，所以称为无彩色。由黑色和白色相搭配的网店色调，可以使内容更加清晰，此时可以是白底黑字，也可以是黑底白字，中间部分由灰色作为分割可以使网店整体看起来更加一致，无彩色的背景可以与任何颜色进行搭配，如图1-11所示。

图1-11 无彩色网店界面

2. 有彩色

凡带有某种标准色倾向的色（也就是带有冷暖倾向的色），称为有彩色。光谱中的全部色都属于有彩色。有彩色的数量是无限的，它以红、绿、蓝为基本色。基本色之间不同量的混合，以及基本色与黑、白、灰（无彩色）之间不同量的混合，会产生成千上万种有彩色。一个略带红色的灰属于有彩色。有彩色的色轮如图1-12所示。

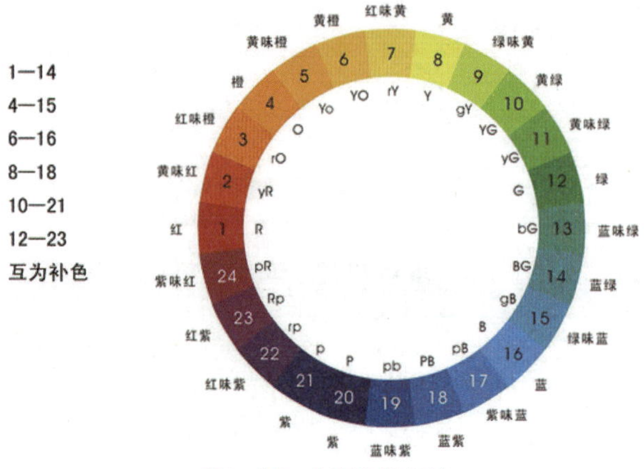

图1-12 有彩色的色轮

有彩色是指除了从白到黑的一系列中性灰色以外的各种颜色，如红、黄、蓝、绿、紫等。有彩色除了具有一定的明度值以外，还具有彩度值（包括色调和鲜艳度）。

通过有彩色装修的店铺更能在颜色中烘托出产品特色或为店铺增加一些独特气质等，如图1-13所示。

图1-13　以有彩色为主调的网店界面

3. 静态色彩与动态色彩

网店中的静态色彩并不是指静止状态色彩的意思，而是指结构色彩、背景色彩和边框色彩等带有特殊识别意义的、决定店面色彩风格的色彩。动态色彩也不是指动画中运动物体携带的色彩，而是指插图、照片和广告等复杂图像中带有的色彩，这些色彩通常无法用单一色相去描绘，并且带有多种不同色调，随着图像在不同页面位置的使用，动态颜色也要跟随变化，如图1-14所示。

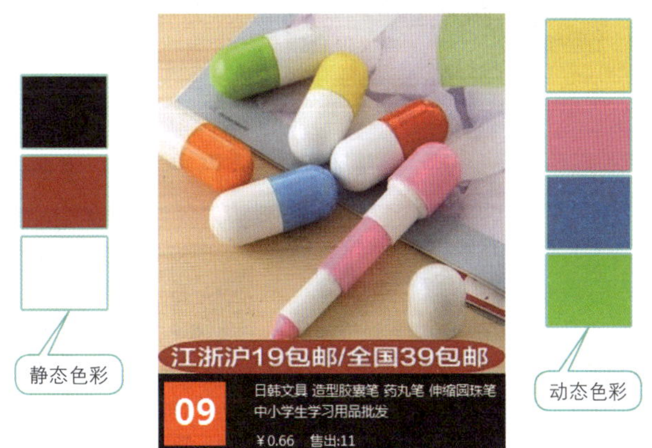

图1-14　静态色彩与动态色彩

4. 强调色彩

强调色彩又名突出色彩，是网店页面设计时具有特殊作用的色彩，是为了达到某种视觉效果时与静态色彩对比反差较大的突出色彩，或者是在店招中带有广告推荐意义的特殊色彩，或者是在某段文字中为了突出重点而通过不同色彩加注文字等，如图1-15所示的图像中作为强调色彩的文字、包装、橘子片、牛奶、花瓣，与静态色彩的背景产生了强烈的对比。

图1-15 强调色彩

1.1.4 网店色彩采集

在为网店搭配颜色时，有些制作人员并没有色彩知识，在不懂得色彩组合原理的情况下，制作人员如何能够为自己的网店搭配与产品相呼应的页面色彩呢？在Photoshop中采集色彩的方法通常是使用（吸管工具），在产品的某种颜色上单击，这时就会将当前选取的颜色作为工具箱中的前景色，如图1-16所示。

图1-16 吸取颜色

此时在“拾色器（前景色）”面板中可以看到当前采集的颜色信息，如图1-17所示。

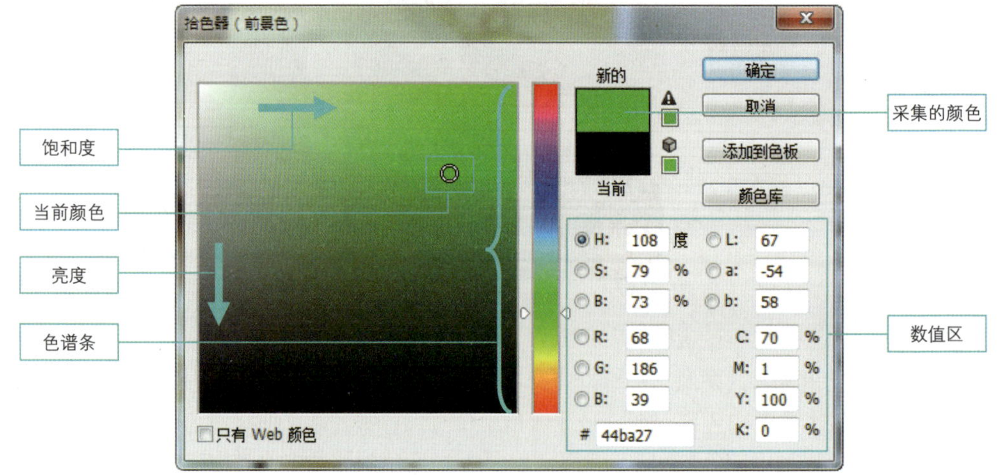

图1-17 “拾色器（前景色）”面板

如果在数值区更改数字，就会明显看到之前的颜色与更改后的颜色，如图1-18所示。

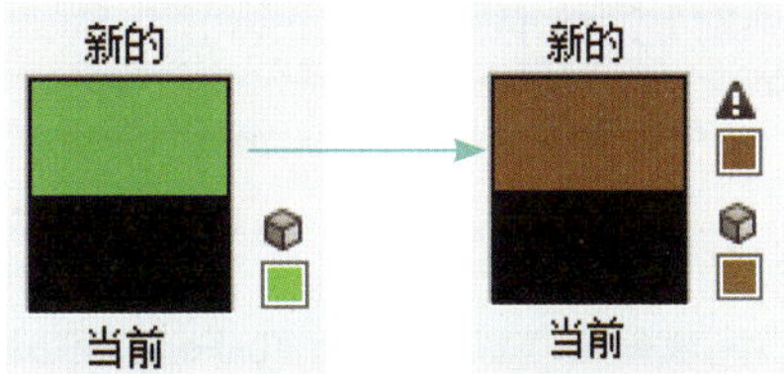

图1-18 改变数值时的颜色对比

选中“只有Web颜色”复选框后，在拾色器中只会显示应用于Web网页的颜色，如图1-19所示。采集完毕的颜色就可以作为与产品相对应的主色、辅助色或点缀色。

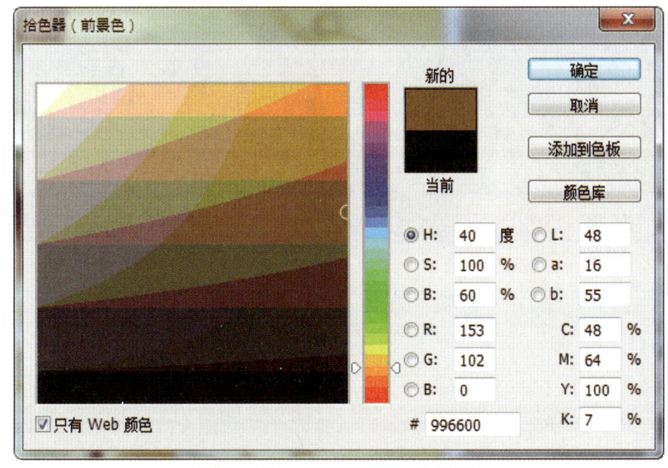

图1-19 应用于Web的颜色

1.1.5 识别色域以外的颜色

大多数扫描的照片在CMYK色域里都包含RGB颜色，将图像转换为CMYK模式会轻微地改变这些颜色。数字化创建的图像经常包含CMYK颜色色域以外的RGB颜色。

色域范围以外的颜色可以被“颜色”面板、拾色器和信息面板里颜色样本旁边的感叹号标识，如图1-20所示。

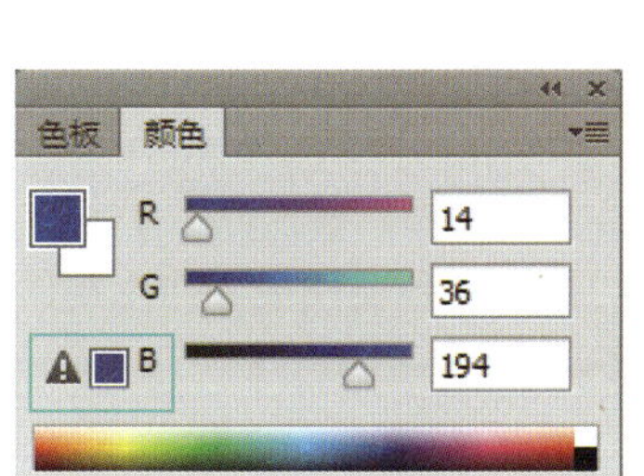

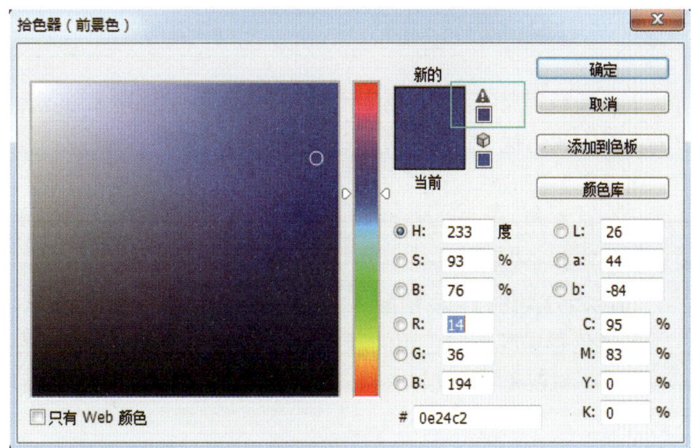

图1-20 超出色域范围的颜色（RGB颜色）

色域外的颜色指的是打印时超出颜色范围的颜色。要想查看当前图片是否存在色域范围外的颜色，可以通过Photoshop来完成，识别方法如下。

操作步骤

01 启动Photoshop，打开一张人物图片，如图1-21所示。

02 执行菜单栏中的“视图”→“色域警告”命令，Photoshop将创建一个颜色转换表，并用中性灰色显示色域以外的颜色，如图1-22所示。

图1-21　素材　　图1-22　色域警告

03 为了将颜色放到CMYK色域中，只要在菜单栏中执行“图像”→“模式”→“CMYK模式”命令，此时色域警告的颜色就会消失，效果如图1-23所示。

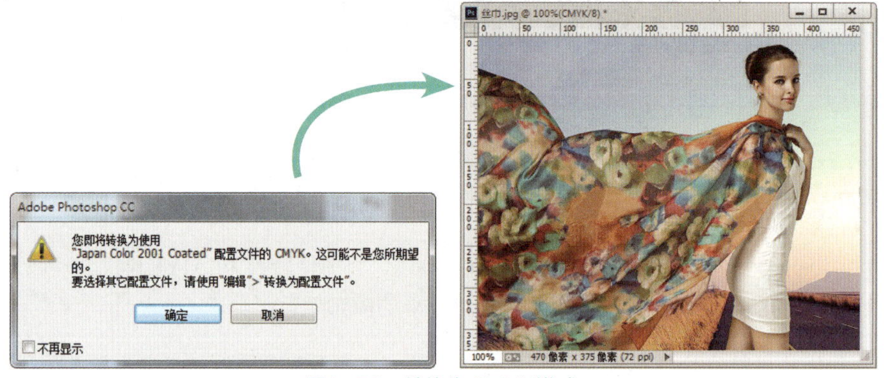

图1-23　转换为CMYK模式

1.1.6　网店页面色彩搭配

进入店铺后买家的第一印象就是这个店铺的页面配色，通常情况下色彩与人的心理感觉和情绪有一定的关系，利用这一点可以在设计时让店铺形成自己独特的色彩效果，从而给买家留下较深刻的印象，以此来增加售出率。

不同的色系在网店中也会拥有自己的独特之处，网店中色彩搭配的色调在分类时可以按照色相、印象以及色系进行分类。

1. 按色相分类进行色彩搭配

常见的色彩搭配按照色相的顺序归类，每类都以一种色相为主，配以其他色相或者同色相的色彩，应用对比与调和的方法，并按照从轻快到浓烈的顺序排序。

1）红色

在众多颜色里，红色是最鲜明生动、最热烈的颜色。因此，红色也是代表热情的情感之色。鲜明的红色极容易吸引人们的目光。网店中无论是整体还是图像都不可能只使用一种颜色进行操作，选择一种或几种与红色相配的色彩是非常必要的，如图1-24所示的颜色就是与红色最相配的色彩。

图1-24　与红色搭配的颜色

提示 红色可以和蓝色混合成紫色，可以和黄色混合成橙色，红色和绿色是对比色。红色的补色是青色。红色是三原色之一，它能和绿色、蓝色调出任意色彩。

2）橙色

橙色具有轻快、欢欣、收获、温馨、时尚的效果，是一种表达快乐、喜悦、能量的色彩。橙色，又称橘色，为二次颜料色，是红色与黄色的混合色。在光谱上，橙色介于红色和黄色之间。

红、橙、黄三色，被称为暖色，属于引人注目、给人芳香感和能引起食欲的颜色。橙色可作餐厅的布置色，据说在餐厅里多用橙色可以增加客人的食欲。常见的橙色配色方案如图1-25所示。

图1-25　与橙色搭配的颜色

橙色在HSB数值的H中为30度，是正橙色。橙色是一个非常明亮、引人注目的颜色。橙色的对比色是蓝色，这两种颜色彩度倾向越明确，对比强度就越大。但可以看到，除了橙色和蓝色外，橙色和绿色随着纯度的升高，达到的对比效果也越来越强烈。

3）黄色

黄色具有活泼与轻快的特点，给人十分年轻的感觉，它象征光明、希望、高贵、愉快。浅黄色表示柔弱，灰黄色表示病态。黄色的亮度最高，和其他颜色配合让人感到活泼、温暖，具有快乐、希望、智慧和轻快的个性，有希望与功名等象征意义。黄色也代表着土地，象征着权力，并且还具有神秘的宗教色彩。常见的黄色配色方案如图1-26所示。

图1-26　与黄色搭配的颜色

黄色能和众多的颜色相配，但是要注意和白色的搭配，因为白色可以吞没黄色的色彩，它会使你看不清楚。另外，深黄色最好不要与深紫色、深蓝色、深红色相配，因为这样搭配会使人感觉晦涩与失望；淡黄色也不要与明度相当的色彩搭配，要拉开明度上的层次关系。黄色与红色搭配可以营造一种吉祥喜悦的气氛。黄色与绿色搭配，会显得有朝气、活力；黄色与蓝色相配，可以显得美丽清新；淡黄色与深黄色相配，可以衬托出高雅。

4）绿色

绿色在黄色和蓝色（冷暖）之间，属于比较中庸的颜色，这样使得绿色的性格最为平和、安稳、大度、宽容。绿色是一种柔顺、恬静、满足、优美、受欢迎之色，也是网店页面中使用最为广泛的颜色之一。常见的绿色配色方案如图1-27所示。

图1-27　与绿色搭配的颜色

在绿色中黄色的成分较多时，其性格就趋于活泼、友善，具有幼稚性；在绿色中加入少量的黑色，其性格就趋于庄重、老练、成熟；在绿色中加入少量的白色，其性格就趋于洁净、清爽、鲜嫩。

5）蓝色

蓝色是色彩中比较沉静的颜色。它象征着永恒与深邃、高远与博大、壮阔与浩渺，是令人心境畅快的颜色。另外，蓝色又有消极、冷淡、保守等含义。蓝色与红、黄等色运用得当，能构成和谐的对比调和的关系。常见的蓝色配色方案如图1-28所示。

图1-28　与蓝色搭配的颜色

在蓝色中添加少量的红、黄、橙、白等颜色，均不会对蓝色的性格构成比较明显的影响；如果蓝色中黄色的成分比较多，其性格就会趋于甜美、亮丽、芳香；在蓝色中混入少量的白色，可使蓝色的知觉趋于焦躁、无力。

6）紫色

紫色可以说是最具优雅气质的颜色，给人成熟与神秘感，是女性的专属色之一。从T台秀场到大街上，紫色都会出现在人们的视线中，这些紫色有的优雅、高贵，有的极其“街头范儿”，各种精彩搭配，显示出紫色的百变魔力。然而紫色并不好驾驭，如果搭配不当则会显得过于老气。紫色的明度在有彩色中是最低的。紫色的低明度给人一种沉闷、神秘的感觉。常见的紫色配色方案如图1-29所示。

图1-29　与紫色搭配的颜色

（1）紫色中红色的成分较多时，其知觉具有压抑感、威胁感。

（2）在紫色中加入少量的黑色，其感觉就趋于神秘、难以捉摸、高贵。

（3）在紫色中加入白色，可使紫色沉闷的性格消失，变得优雅、娇气，并充满女性的魅力。

2. 按印象分类进行色彩搭配

色彩搭配看似复杂，但并不神秘。既然每种色彩在印象空间中都有自己的位置，那么色彩搭配得到的效果可以用加减法来近似估算。如果每种色彩都是高亮度的，那么它们叠加所产生的颜色自然会是明亮的；如果每种色彩都是浓烈的，那么它们叠加产生的颜色就会是浓烈的。当然在实际设计过程中，设计师还要考虑到使用乘法和除法，比如同样亮度和对比度的色彩，在色环上的角度不同，搭配起来就会得到千变万化的感觉。因此，色彩除可以按色相搭配外，还可以将印象作为搭配分类的方法。

1）柔和、明亮、温和

亮度高的色彩搭配在一起就会得到柔和、明亮、温和的感觉。为了避免刺眼，设计师一般会用低亮度的前景色来调和，同时也有助于避免产生沉闷的感觉，如图1-30所示。此色彩搭配常用于与女性有关的网店中。

图1-30　使人觉得柔和、明亮、温和的颜色

2）柔和、洁净、爽朗

若想给人以柔和、洁净、爽朗的印象，色环中蓝到绿相邻的颜色应该是最适合的，并且亮度偏高。可以看到，几乎每个组合都有白色参与。当然在实际设计时，可以用蓝绿相反色相的高亮度有彩色代替白色，如图1-31所示。此色彩常用于与厨卫有关的网店。

图1-31　使人觉得柔和、洁净、爽朗的颜色

3）可爱、快乐、有趣

要想给人以可爱、快乐、有趣的印象，使用的色彩搭配方法是：色相分布均匀，要冷暖搭配，饱和度高，色彩分辨度高，如图1-32所示。此色彩常用于与儿童有关的网店中。

图1-32　使人觉得可爱、快乐、有趣的颜色

4）活泼、快乐、有趣

要想给人以活泼、快乐、有趣的印象，可选择的色彩非常广泛。最重要的变化是将纯白色用低饱和的有彩色或者灰色取代，如图1-33所示。此色彩搭配常用于经营儿童用品的网店中。

图1-33　使人觉得活泼、快乐、有趣的颜色

5）运动型、轻快

表现运动的色彩要强化激烈、刺激的感觉，同时还要体现健康、快乐、阳光的感觉。因此，饱和度比较高、亮度偏低的色彩经常用于这类场合，如图1-34所示。此色彩搭配常用于经营运动用品的网店中。

图1-34　表现运动型、轻快的颜色

6）轻快、华丽、动感

要想给人以华丽的印象，页面要充满色彩，并且饱和度偏高，而亮度适当减弱则能强化这种印象，如图1-35所示。此色彩搭配常用于经营户外运动用品的网店中。

图1-35　使人觉得轻快、华丽、动感的颜色

7）狂野、充沛、动感

要想给人以狂野的印象少不了低亮度的色彩，甚至可以用适当的黑色搭配，而其他有彩色的饱和度要高，对比要强烈，如图1-36所示。此配色常用于经营户外运动用品的网店中。

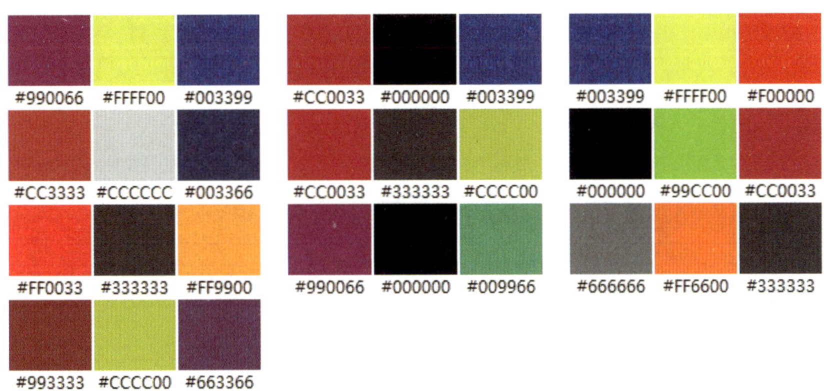

图1-36　使人觉得狂野、充沛、动感的颜色

8）华丽、花哨、女性化

在经营女性化用品的店铺中紫色和红色是主角，粉红色和绿色也是常用色相。一般它们之间要进行高饱和度的搭配，如图1-37所示。此配色常用于经营女性用品的网店中。

图1-37　华丽、花哨、女性化的颜色

9）回味、女性化、优雅

要想给人以优雅的感觉，色彩的饱和度一般要降下来。通常以蓝色和红色之间的相邻色来搭配，要调节亮度和饱和度，如图1-38所示。此配色常用于经营女性用品的网店中。

图1-38　使人回味、女性化、优雅的颜色

10）高尚、自然、安稳

要想给人以高尚的印象，一般要用低亮度的黄绿色，色彩亮度要降低，注意色彩的平衡，页面就会显得安稳，如图1-39所示。此色彩搭配常用于经营老人用品的网店中。

图1-39 使人觉得高尚、自然、安稳的颜色

11）冷静、自然

绿色给人以冷静、自然的印象，但是绿色作为页面的主要色彩，容易给人过于消极的感觉。因此，应该特别重视图案的设计，如图1-40所示，此色彩搭配常用于经营茶叶及相关产品的网店中。

图1-40 使人觉得冷静、自然的颜色

12）传统、高雅、优雅

要想给人以传统的印象，一般要降低色彩的饱和度，棕色特别适合表达高雅和优雅的气质，如图1-41所示。此配色常用于经营家纺及居家用品的网店中。

图1-41 使人觉得传统、高雅、优雅的颜色

13）传统、稳重、古典

传统、稳重、古典都给人以保守的印象，在色彩的选择上应该尽量用低亮度的暖色，这种搭配符合成熟的审美，如图1-42所示。此配色常用于经营家具建材产品的网店中。

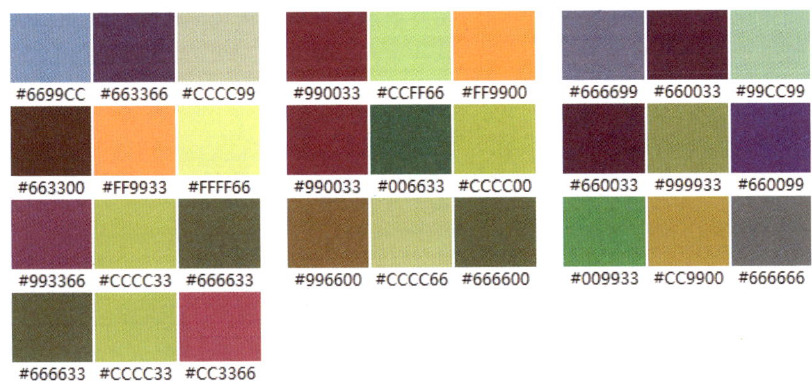

图1-42　使人觉得传统、稳重、古典的颜色

14）忠厚、稳重、有品位

亮度、饱和度偏低的色彩会给人忠厚、稳重的感觉。这样的搭配为了避免色彩过于保守，使页面僵化、消极，应当注重冷暖结合和明暗对比，如图1-43所示。此配色常用于经营珠宝或仿古产品的网店中。

图1-43　使人觉得忠厚、稳重、有品位的颜色

15）简单、洁净、进步

要想表现简单、洁净，可以使用蓝色和绿色，并大面积留白。而要给人以进步的印象可以多用蓝色搭配低饱和度的颜色甚至是灰色，如图1-44所示。此配色常用于经营男性用品的网店中。

图1-44　使人觉得简单、洁净、进步的颜色

16）简单、时尚、高雅

灰色是最为平衡的色彩，并且是表现塑料金属质感的主要色彩之一。因而要想表达高雅、时尚的

感觉，可以适当使用灰色，甚至大面积使用。但是要注重图案和质感的构造，如图1-45所示。此配色常用于经营男性用品的网店中。

图1-45　使人觉得简单、时尚、高雅的颜色

17）简单、进步、时尚

简单、进步、时尚的色彩多数以灰色、蓝色和绿色作为主导色，在网页中多显示时尚、大方的个性，如图1-46所示。此色彩搭配常用于与男性有关的网店中。

图1-46　简单、进步、时尚的颜色

3. 按色系分类进行色彩搭配

可按色系对色彩进行分类，色系即色彩的冷暖分别。色彩学上根据心理感受，把颜色分为暖色调（红、橙、黄）、冷色调（青、蓝）和中性色调（紫、绿、黑、灰、白），图1-47所示为冷暖色系分布。

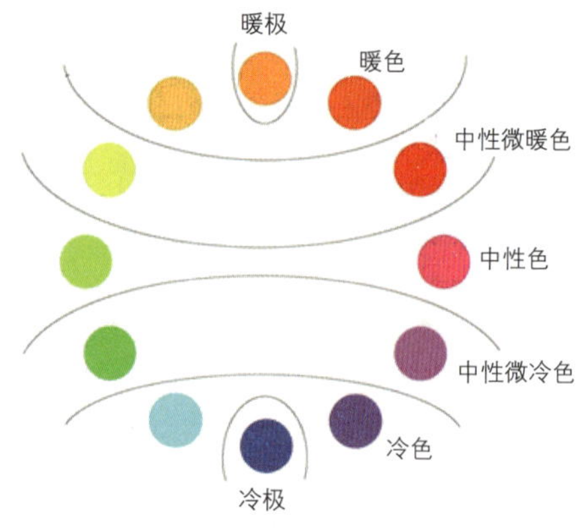

图1-47　冷暖色系分布

1.1.7　网店图像配色

网店中的图像配色可以按照不同的颜色调和进行搭配。具体的颜色搭配可参考如图1-48所示的色环。

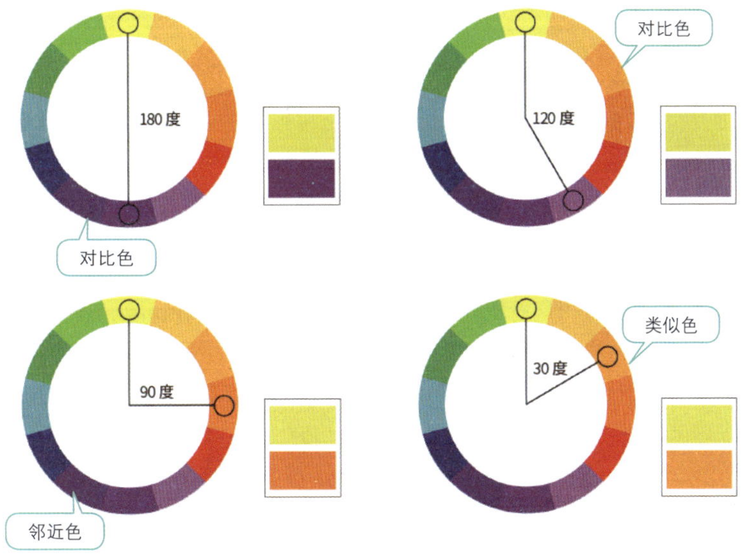

图1-48　色环

1. 同种色搭配

同种色的调和指具有相同色相，不同明度和纯度的色彩调和。调整方法：保持色相值不变，在明度、纯度的变化上形成强弱、高低的对比，以弥补同色调和的单调感，如图1-49所示。

图1-49　色相不变时的同种色搭配

2. 类似色搭配

以色相接近的某类色彩（如红与橙、蓝与紫等）的调和，称为类似色的调和。类似色的调和主要靠类似色之间的共同色来产生作用。色环保持在60度以内，如图1-50所示。

图1-50　类似色搭配

3. 对比色搭配

以色相相对或色性相对的某类色彩（如红与绿、黄与紫、蓝与橙）的调和。调和方法：选用一种对比色将其纯度提高或降低另一种对比色的纯度；在对比色之间插入分割色（金、银、黑、白、灰等）；采用双方面积大小不同的处理方法，以达到对比中的和谐；对比色之间具有类似色的关系，也可起到调和的作用。采用色环120~180度的颜色进行搭配，如图1-51所示。

图1-51　对比色搭配

对比色的选取方法可以利用黄金分割法。众所周知，数学上有一个黄金分割点——0.618。据说用此比例数分割是最具美感的。在Photoshop里的亮度是以百分比来划分的，在“拾色器”对话框中，HSB模式里的B表示的就是亮度值。

而根据黄金分割点数值，只要通过亮度最高值的100%乘以黄金分割点0.618，得出的结果是62%，此时设置背景颜色的亮度值为0~38%时，根据色环与之对比的颜色就加上62%，当背景颜色为62%~100%时，根据色环与之对比的颜色就减去62%，此时就会得到一个非常适合的对比色效果，如图1-52所示。这时的效果对比既清晰又不刺眼。当然作为设计师还是不要只是依据此数据，设计更多的不是依赖理论，而是靠感觉！

图1-52　对比色

4. 色彩搭配技巧

在网店页面中，能够真正吸引买家注意的广告图像通常会出现在页面的第一屏与第二屏中，目的就是勾起买家的购买欲望。忽略图像设计的构图版式不说，配色应该是最能刺激人们视觉的元素了，好的图像配色给人的感觉是舒服，在设计配色时最好不要超过3种色彩，色彩太多会在视觉中产生乱的效果。在为图像配色时最好能够在色相、饱和度或明度中选择一种保持相近，这样的配色不会让人在视觉中产生厌烦。如图1-53所示的图像配色会让买家有一种非常烦乱的感觉。

图1-53　色彩烦乱的配色

从图1-53中选择的颜色不难看出，其中的色相、饱和度和明度没有一种是保持相近的，所以会令人产生较为混乱的感觉。这里将配色按照饱和度相近的方法进行调整，之后就会发现整个图像给人的感觉马上出现了一个质的飞跃，如图1-54所示。

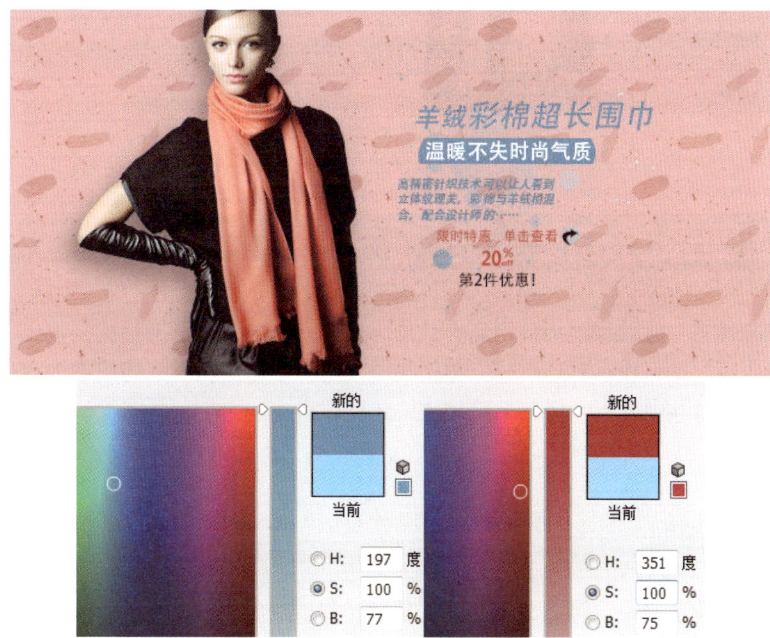

图1-54　饱和度相近的色调

提示 在设计时应该按场景确定，不要只是按照单一的数值来决定具体的配色。

如果将色调定为永不过时的黑白色，就更能凸显出前面模特的本质，使大家将视觉快速转移到模特身上，如果再点缀以品红色，那么整体图像就会显得更有女人味，更加高端、大气，如图1-55所示。

图1-55　采用黑白配色并点缀品红色

选择一种大面积的高纯度颜色与浅色作为图像的背景，更能提升整体图像的视觉吸引度，如图1-56所示。

图1-56　采用大面积背景配色

1.2 网店图像的布局

进入网店后能够第一时间体现当前网店个性的内容除了配色以外，恐怕就是版式布局了，一个好的布局可以让网店看起来更加富有层次感、更加高端大气。参与整体布局的图像内容也是需要设计师进行精心设计的，只有在细节上注意每个区域点，才能让整个网店更加吸引人，给人的感觉也会更加正规和用心。

1.2.1 图片基本构图

图像的布局对于美工来说，可以分为前期采集设计和后期加工设计两种。本小节主要讲的内容是在为商品进行拍摄时的前期摆放，让商品变为图片时就已经进行了布局的设计，不同的摆放可以使商品更能与网店的主题相搭配。在很大程度上，构图决定作品构思的实现，决定着整个作品的成败。在采集商品时最重要的几种构图方式如图1-57所示。下面就来为大家讲解这几种构图方式。

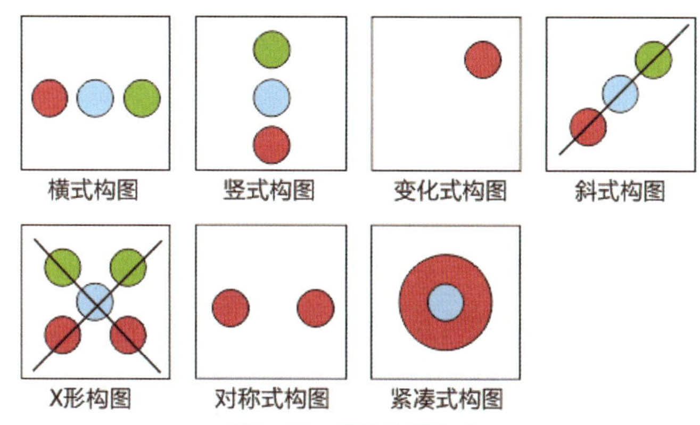

图1-57　几种构图方式

1. 横式构图

横式构图是商品呈横向放置或横向排列的横幅构图方式。这种构图给人的感觉是稳定、可靠，多表现商品的稳固，并给人安全感，是一种常用的拍摄构图方式，如图1-58所示。

图1-58　横式构图

2. 竖式构图

竖式构图是商品呈竖向放置或竖向排列的竖幅构图方式。这种构图给人的感觉是高挑和秀朗，常用来拍摄长条或者竖立的商品，竖式构图在商品拍摄时也是经常使用的，如图1-59所示。

图1-59　竖式构图

3. 斜式构图

斜式构图是商品呈斜向摆放的构图方式。这种构图的特点是富有动感、个性突出，对于表现造型、色彩或者理念等较为突出的商品，斜式构图方式较为常用，使用得当可以得到不错的画面效果，如图1-60所示。

4. 黄金分割法的构图

在摄影构图中一般比较忌讳将拍摄的主体置于画面正中间位置，然而这又是很多网商拍摄者会犯的一个错误。黄金分割法的构图方式，画面的长宽比例通常为1∶0.7，由于按此比例设计的造型十分靓丽，因此被称为黄金分割，在黄金分割的九宫格内相交的4个点处是放置主体的位置，这样可以将画面布置得更加完美，如图1-61所示。

图1-60　斜式构图

图1-61　黄金分割法的构图

5. 对称式构图

为了凸显主体，在拍摄时常常将其放置到画面的中间，左右基本对称，这样做的目的是因为很多人喜欢把视平线放在中间，上下的空间比例大体匀称。对称式构图具有平衡、稳定和相呼应的特点，缺点是表现呆板、缺少变化。为了防止这种呆板的表现形式，拍摄时常常会在对称中构建一点点的不对称，如图1-62所示。

图1-62　对称式构图

6. 其他形式的构图

商品的摆放其实也是一种陈列艺术，同一种商品按照不同风格摆放会得到意想不到的视觉效果，如图1-63所示。

图1-63　其他形式的构图

1.2.2　图像中文本布局规则

对于网店美工来说最常用到的文案布局，在与图像相配合时大体可以分为对齐布局、参照布局、对比布局以及分组布局4种，每种布局都有自己的特点，下面就来看看这4种布局的具体使用。

1. 对齐布局

文案对齐布局通常会以边对齐和居中对齐两种形态存在，每种对齐方式都是以产品本身图片作为依据的。

（1）边对齐。在淘宝美工中使用边对齐通常会以文本的一端作为对齐线，使文本从整体上看起来给人以稳重、力量、统一、工整的感觉，是淘宝中最常见的一种文案布局方式，如图1-64所示。边对齐比较适合新手操作，只要掌控画面整体，文本部分在主体边上注意对齐即可。

图1-64 边对齐

（2）居中对齐。在淘宝美工中使用居中对齐通常会以文本的水平居中位置作为对齐线，或者对文本与整个画面进行居中对齐，使文本从整体看起来给人以正式、大气、高端、有品质的感觉，在淘宝海报中居中对齐通常要把文字直接打在商品上面，文案部分的遮挡会与主体部分形成一个前后的感觉，看起来更加具有层次感，在不遮挡主体时，单纯的文字居中对齐，同样会使整张海报具有大气上档次的感觉，如图1-65所示。

图1-65 居中对齐

2. 参照布局

参照布局通常是指根据美工得到图片的类型，将文本部分依图片特点进行合理位置布局的方法。根据主图的特点，文本在图像中主要起到平衡整体的作用，如图1-66所示。此布局方法不适合初学者。

图1-66　参照布局

3. 对比布局

在一幅作品中如果不能体现对比，那么就不能说此作品中存在设计，人们大多不喜欢欣赏平淡无奇的东西，喜欢存在对比效果的画面！

使用有对比效果的排版技巧，可以瞬间增强画面的视觉效果，对比原则包含的内容很多，如虚实对比、冷暖对比、字体粗细对比等，如图1-67所示。不同类型的局部对比，其视觉效果也会不同。

图1-67　对比布局

提示　通过图1-67中两张图片的对比不难看出，在排版时单单使用对齐是远远不够的。在对齐的基础之上再通过对比布局，可以使图像的视觉感增加一个层次。在两张海报的对比中可以发现，第二张图片运用了对比原则，使画面更加吸引人，文案的组织结构也是一目了然，更便于浏览者阅读。

注意

- 找出文案中重点的语句，运用大小对比和粗细对比，加强文字的强调和区分。
- 字体部分如果要对比就要选择对比较分明的字体，既然要对比就要显示出大的够大、小的够小、粗的够粗、细的够细，让浏览者更加容易记住。
- 对比不仅能增强视觉效果，而且还加强了文案的可读性，不要担心字小而错过浏览者的阅读，只要强调的部分吸引住了顾客，下面的小文字会下意识地进行阅读。
- 对比还可以通过文本以背景的高反差效果进行显示，如果背景按不同的颜色、形状进行绘制，上面的文字与背景色作为对比参照物，加强整体视觉效果，这样更能吸引浏览者。

4. 分组布局

如果在图像中存在的文案过多，就不能单纯地使用对齐加对比等布局效果了，而是需要将文本进行分组，将相同的文本信息文案摆放在一起，这样不仅使整个画面看起来有条理、美观，而且有利于浏览者进行阅读。每个分组可以作为一个元素进行重新布局，如图1-68所示。

图1-68　分组布局

1.2.3　图像参与布局的规则

在对电商广告进行设计时，图像通常会起到在视觉中传达第一视点的作用，从传统的整体图像参与设计到局部参与设计，再到多视角参与以及超出范围进行设计制作，无论是哪一种，最终目的都是吸引买家注意，从而增加店铺的流量。

1. 商品整体参与的设计

整体参与设计的图像，可以让浏览者看到商品的整体，在视觉中不会出现丢失部分，这种设计方法常被用到传统的设计中。好处就是可以看到商品本身的样貌；缺点是缺少买家对商品本身的一些遐想，如图1-69所示。

图1-69　商品整体参与的设计

2. 商品切断式参与的设计

被切断的图像在整体作品中是完整图像的对立面，视觉上的不完整性，会使买家看到后在大脑中自动填补其完整形态，让浏览者为了联想商品完整性而停留更长的时间，这种设计不但可以为店铺带来新的视觉感受，还为买家预留了想象空间，如图1-70所示。

图1-70　被切断商品参与的设计

技巧 切断图片时，切记不要把图片中的代表区域切掉。保留局部后的图像在固定图像中可以更大化地显示商品的重要部分，这样可以更好地吸引买家目光。

3. 不同视角参与的设计

常规视角的图片在设计中已经司空见惯了，并且大多数的网店都是以传统视角作为主图设计的，这样的图片看多了就会令人产生审美疲劳，也就会在视觉中对买家的吸引力逐渐降低，按照此逻辑正好可以在商品视角的运用上进行一下大胆的尝试，使买家产生新鲜感，从心理上感觉眼前一亮，无形中就会对店铺的流量产生推动力，如图1-71所示。

图1-71　不同视角参与的设计

4. 超出范围参与的设计

超出范围指的就是冲出束缚的版面，从而吸引眼球，也就是素材本身的某个部分在规划设计区以外，如图1-72所示的图像中模特人物的头部探出了设计区的框架。此种设计方式打破了原有的物体封闭性，给买家带来了新的视觉冲击。

图1-72　超出范围参与的设计

1.2.4　版面布局设计

在布局设计版面时，虽然网店的页面设计不如网页页面设计灵活，但是它们有许多相近之处，最终的目的还是在视觉上得到一个满意的效果，让买家进入店铺就能被吸引，网店的整体布局主要可以按照淘宝为大家提供的功能做进一步设计与操作，如图1-73所示。

图1-73　布局设计

一个好的整体或局部的图像布局可以使浏览者一看到网店便眼前一亮，最常用的几种局部布局大家可以参考一下，如图1-74所示。

图1-74　版式布局

1.3　美工修图基础

对于网店的美工来说，不是只会采集图片并进行相应布局调整就可以了，后期的修图也是非常重要的一项内容，无论是色调的调整、瑕疵图片的修复，还是更换新背景，这些内容都是为了使网店中商品更好地凸显其本身特点。

由于篇幅有限，本节中的具体操作大家可以通过随书附带的视频进行详细学习。

1.3.1　宝贝图片色调调整

为宝贝（指网店销售的商品）拍摄时并不是所有的图像都能达到理想效果，有时会因为环境的问题，使拍出的照片出现发暗、曝光不足、颜色不正等瑕疵。本节就以案例的方式为大家讲解通过Photoshop校正此类问题的方法。

1. 处理曝光不足或过暗的图片

在太阳下或光线不足的环境中拍摄照片时，如果没有控制好相机的设定，就会拍出太亮或太暗的照片。如果是曝光不足的照片，画面会出现发灰或发黑的效果，从而影响照片的质量。要想将照片以最佳的状态进行保存，一是在拍照时调整好光圈、角度和位置，以得到最佳效果；二是将照片拍坏后，使用Photoshop对其进行修改，得到最佳效果。其中最常用的就是对“色阶”和“曲线”等进行调整。

以“色阶”调整说明：打开曝光不足的照片后，在“色阶”对话框中查看“直方图”区域，发现像素都分布在了“阴影”区域中，这时只要将“高光”控制滑块向有像素分布的区域拖动，就可以将曝光不足或过暗的图片调整到最佳效果，如图1-75所示。

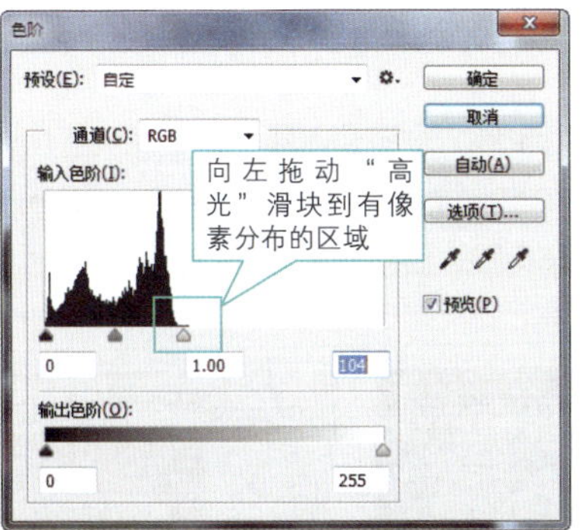

图1-75　使用“色阶”对话框调整曝光不足的照片

> **技巧**　对于初学者来说，使用对话框有可能不太习惯，大家可以直接通过命令调整曝光不足产生的图片发灰暗效果，只要执行菜单栏中的“图像”→“自动色调”命令就可以快速调整曝光不足，如图1-76所示。

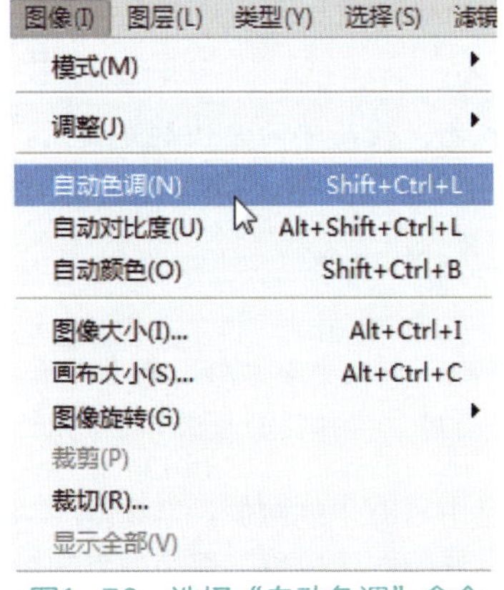

图1-76　选择“自动色调”命令

2. 处理曝光过度或过亮的图片

在拍摄照片时由于对相机的控制不佳，再加上光线过强，拍摄出的照片会整体发白，对比不够强烈，使用Photoshop中的“色阶”对话框可以对发白的照片进行对比度的调整，如图1-77所示。

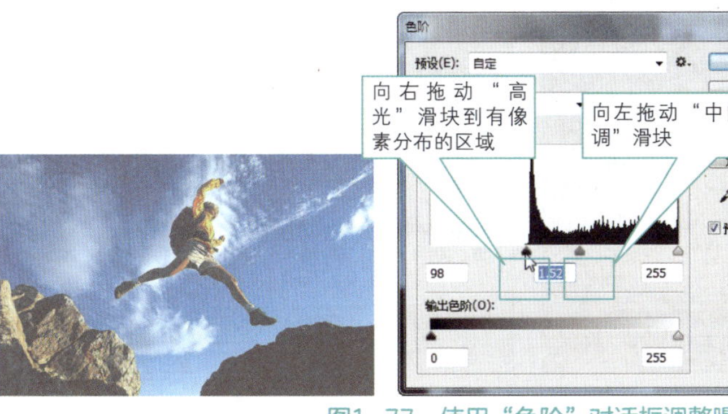

图1-77　使用“色阶”对话框调整曝光过度的照片

3. 处理偏色的图片

在使用相机拍照时由于拍摄的原因常常会出现一些偏色的照片，本例就带领大家学习使用

Photoshop轻松修正照片偏色的方法，从而还原照片的本色。具体操作如下。

操作步骤

01 启动Photoshop，打开一张偏色照片，如图1-78所示。

02 从打开的素材中可以看到照片有偏色问题，下面就对偏色进行处理。执行菜单栏中的“窗口”→“信息”命令，打开“信息”面板，在工具箱中选择（吸管工具），设置“取样大小”为“3×3平均”，如图1-79所示。

图1-78 素材

图1-79 设置吸管工具

如果想确认照片是否偏色，最简单的方法就是使用“信息”面板查看照片中灰色的位置，因为灰色属于中性色，这些区域的RGB颜色值应该是相等的，如果发现某个数值太高，就可以判断该照片为偏色照片。

在照片中寻找灰色的区域，如灰色路灯杆、灰色路面、墙面等。由于每个显示器的色彩都存在一些差异，所以最好使用“信息”面板来精确判断，再对其进行修正。

03 要想确定是否偏色，只能在灰色中看RGB的数值。选择（吸管工具）后，将鼠标指针移到照片中本应为灰色的自行车轮胎上，此时在“信息”面板中发现RGB值明显不同，绿色远远低于红色与蓝色，说明照片缺少绿色，如图1-80所示。

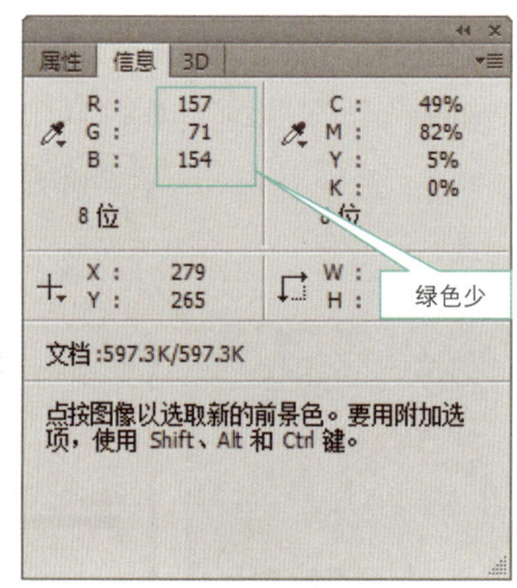

图1-80 查找灰色

04 在“图层”面板中单击“创建新的填充或调整图层”按钮，在弹出的下拉菜单中选择“色彩平衡”命令，系统会打开“色彩平衡”属性面板，由于图像中缺少绿色，因此在面板中调整滑块增加“绿色”，再稍微增加一些“青色”和“黄色”，如图1-81所示。

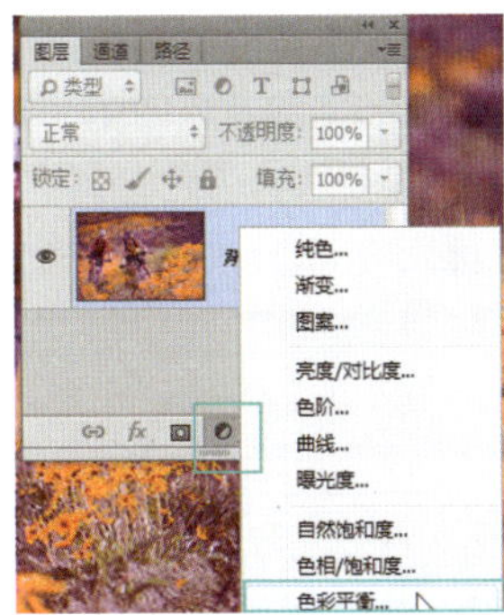

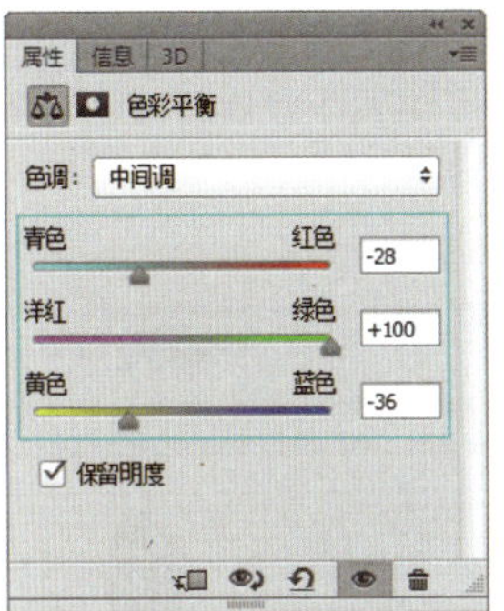

图1-81　调整色阶

05 再次将鼠标指针移到自行车轮胎灰色区域，在“信息”面板中查看RGB值，发现数值比较接近，证明已经不偏色了，如图1-82所示。

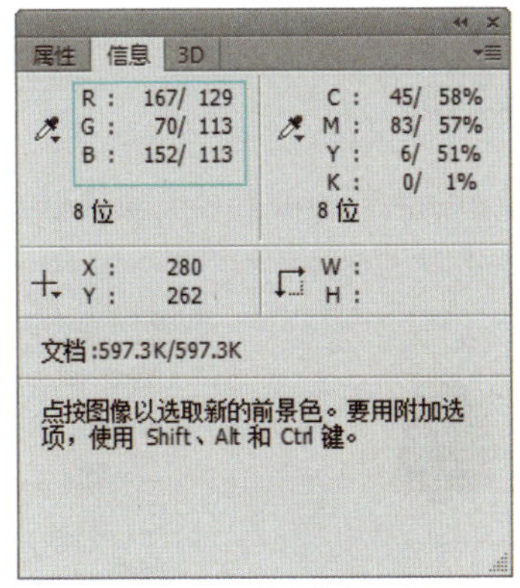

图1-82　“信息”面板

4. 为商品改色

现在的商品琳琅满目、五颜六色，但是在给产品拍照时，由于颜色不全会造成有的颜色产品无法拍照，而等到产品到货后，再拍会浪费很多的时间，这时只要使用Photoshop中的“色相/饱和度”调整功能，就可以轻松将一种颜色变为其他颜色，具体操作如下。

操作步骤

01 启动Photoshop软件，打开一张网拍女袜照片，如图1-83所示。

02 在“图层”面板中单击“创建新的填充或调整图层”按钮，在弹出的菜单中选择“色相/饱和度”命令，如图1-84所示。

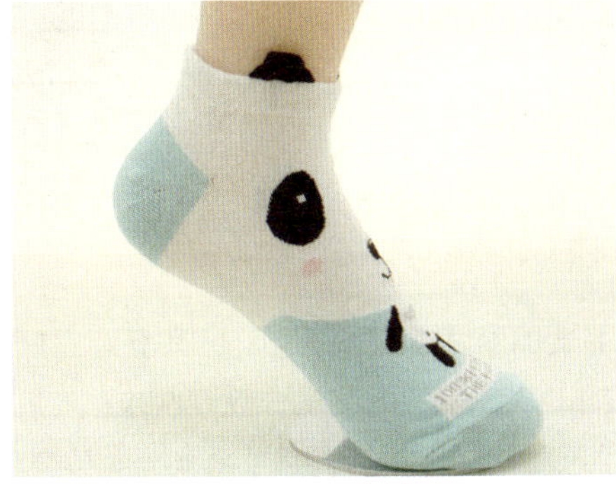

图1-83　素材

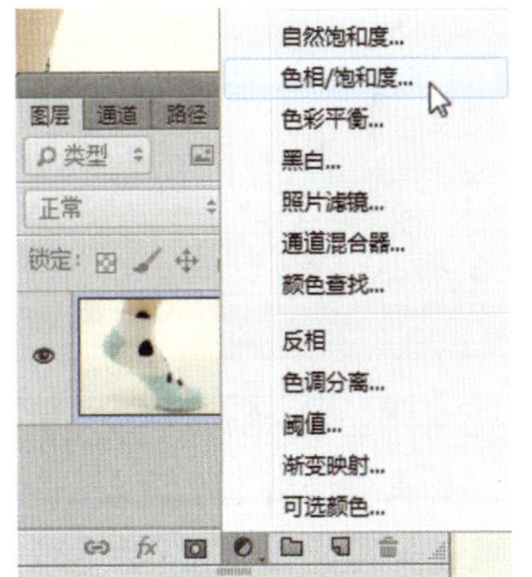

图1-84　选择“色相/饱和度”命令

03 在打开的“色相/饱和度”的“属性”面板中，由于调整的只是袜子中有颜色的区域，这里将调整范围选择“青色”，之后拖动“色相”控制滑块，此时通过预览可以看到袜子中的青色发生了变化，如图1-85所示。

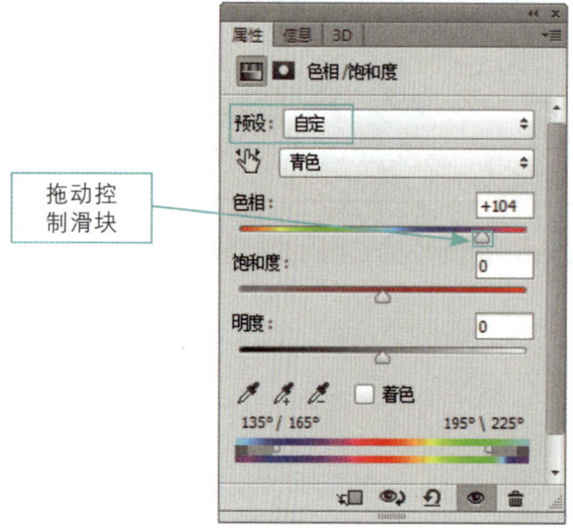

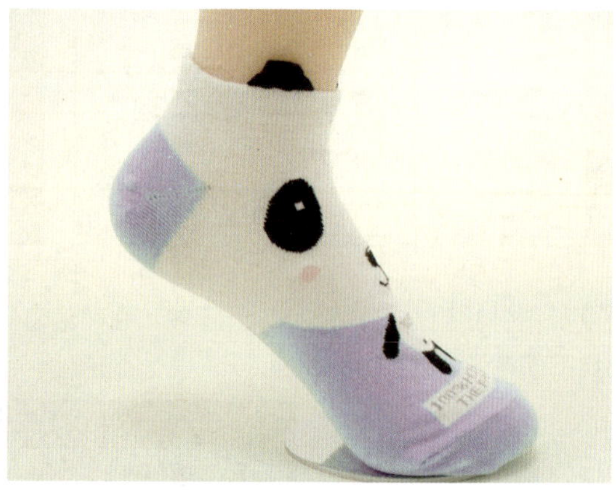

图1-85　调整色相

04 此时发现有些颜色没有跟随变化，单击面板中的“添加到颜色”按钮，再单击袜子中未变色的区域，将其添加到变色区域，效果如图1-86所示。

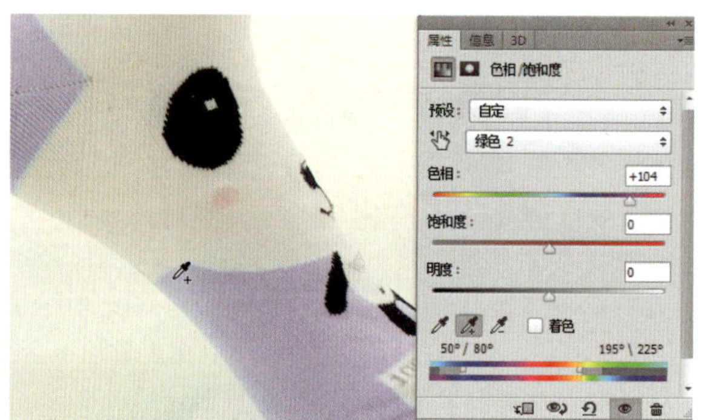

图1-86　调整颜色

05 继续拖动“色相”控制滑块，可以调整更多的颜色，效果如图1-87所示。

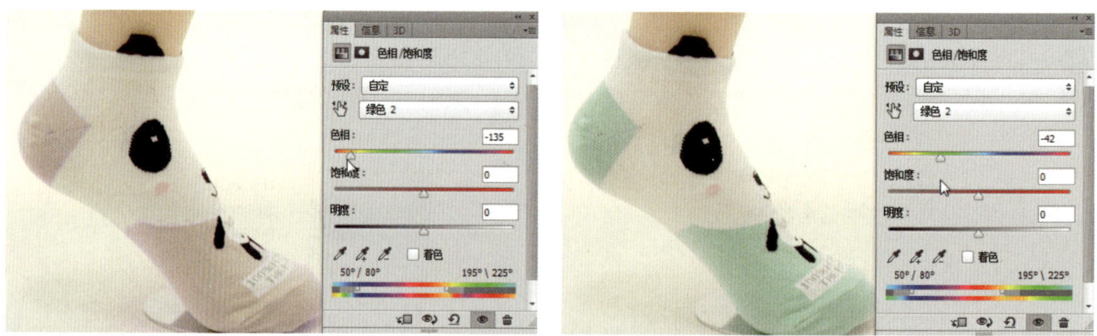

图1-87　调整其他颜色

技巧　使用“色相/饱和度”调整颜色时，如果调整范围选择单色时，只会对选取的颜色进行调整，如果选择的是全图，会针对所有颜色进行调整，创建选区后可以只对选区内的图像进行调整，如图1-88所示。要想改变灰度图像的色相，必须先勾选“着色”复选框。

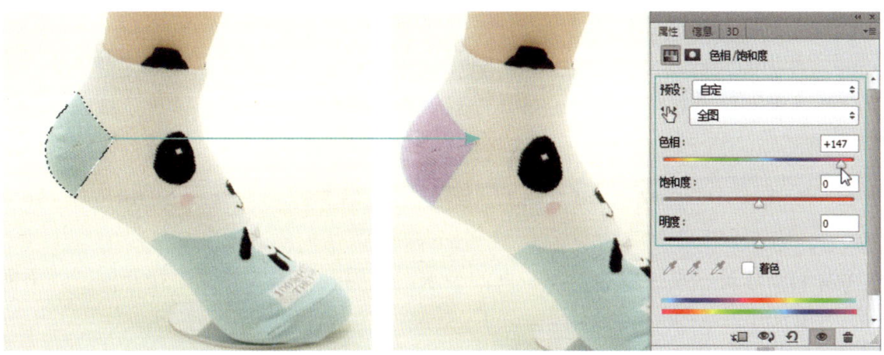

图1-88　调整局部颜色

1.3.2　宝贝图片校正

在采集网店中的商品图像时，有时会因为各种原因而造成图片本身出现倾斜、裁切、直横幅等问题，这些问题在Photoshop中可以非常轻松地搞定。

1. 直横幅变换

当使用数码相机拍摄照片时，由于相机没有自动转正功能，会使输入到计算机中的照片由直幅变为横躺效果，此时将其直接上传到网店中会使商品看起来很不舒服，这会使商品的成交率大大下降。此时即可利用Photoshop中的"图像旋转"命令将其校正过来，如图1-89所示。

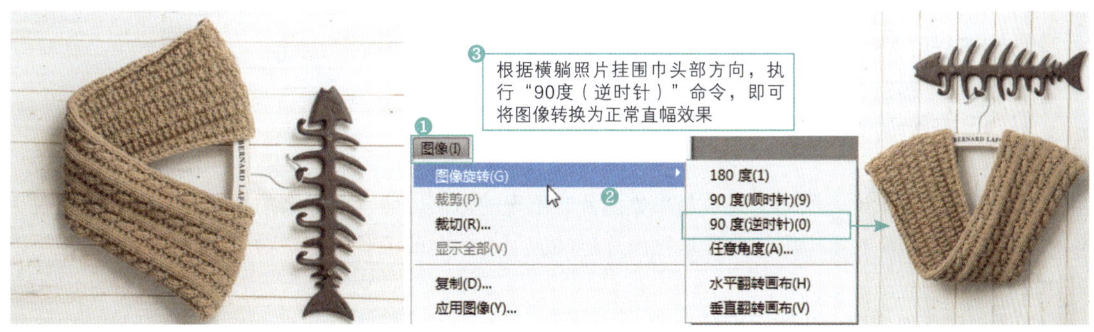

图1-89　横幅变直幅

2. 校正倾斜

照片的倾斜校正就是通过Photoshop快速将照片内容按正确位置角度旋转并进行二次裁剪，也就是对宝贝图片进行二次构图，方法是使用（裁剪工具）创建裁剪框后，再使用属性栏中的"拉直"功能将倾斜照片校正，如图1-90所示。

图1-90　校正倾斜

3. 裁剪图像

Photoshop软件中的裁剪功能可以将图片按随意大小进行裁剪，也可以按固定数值大小进行裁剪，在属性栏中设置“宽度”“高度”和“分辨率”后，在图像中拖动裁剪框就可以按照设定的尺寸进行裁剪，如图1-91所示。

图1-91　设置裁剪

网店中需要的图片尺寸直接取决于淘宝网的要求，不同区域图片的大小是不同的，下面就详细说明各个区域的图像尺寸。

- 店标：文件格式为GIF、JPG、JPEG、PNG，文件大小在80KB以内，建议尺寸为80像素×80像素。
- 店招：宽度为950像素，高度建议不超过120像素。
- 全屏通栏广告：宽度为1920像素，高度尽量根据首屏的高度进行设置，建议为500～600像素。
- 标准通栏广告：宽度为950像素，高度尽量根据首屏的高度进行设置，建议为500～600像素。
- 轮播图：不同区域的轮播图宽度不同，高度必须为100～600像素，宽度可以是1920像素、950像素、750像素和190像素。
- 自定义内容区：如果分成左、右两个部分，宽度为190像素和750像素两种，高度根据广告内容自行设置。
- 宝贝图片：必须是1∶1的正方形，长宽最好设置为800像素。
- 宝贝详情页：宽度为750像素，高度可以根据内容自行设置。

1.3.3　瑕疵图片处理

对于网店美工来说，瑕疵无外乎是采集图片时出现的污点、照片中多余的物体或日期以及直接从网上下载图片时出现的水印等。处理这种照片能够应用的命令或工具很多，对于初学者来说当然是越简单越好。

1. 通过选区结合命令去除污点或日期

这里所说的命令最好用的就是“填充”对话框中的“内容识别”。方法是通过选区工具在污迹或日期上创建一个选区，之后执行菜单栏中的“编辑”→“填充”命令，打开“填充”对话框，在“使用”下拉列表中选择“内容识别”命令，然后单击“确定”按钮就可以将其修复，如图1-92所示。

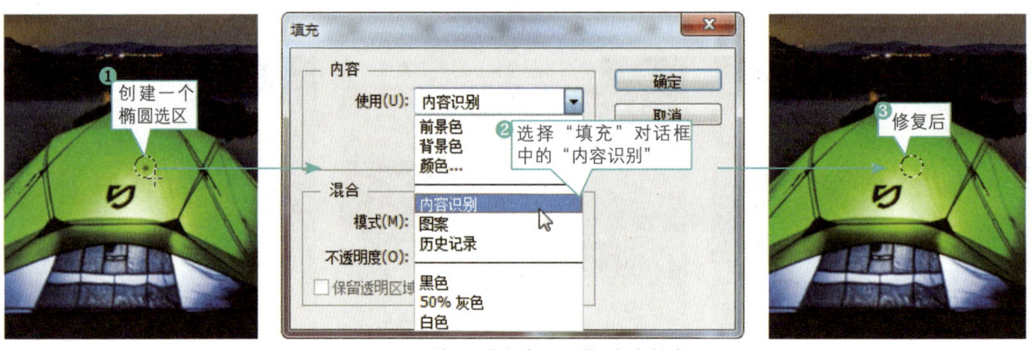

图1-92　使用“内容识别”命令修复

2. 快速涂抹去掉多余物品

这里所说的快速涂抹是指使用（污点修复画笔工具）。使用该工具可以十分轻松地将图像中的瑕疵修复。该工具的使用方法非常简单，只要将鼠标指针移到要修复的位置，按下鼠标左键拖动即可对图像进行修复，原理是将修复区周围的像素与之相融合来完成修复结果，如图1-93所示。

图1-93　污点修复画笔快速修掉多余物品

提示　使用污点修复画笔工具修复图像时最好将画笔调整得比污点大些，如果修复区的边缘像素反差较大，建议在修复周围先创建选取范围再进行修复。

3. 修掉图片中的水印

去掉多余物品和修掉照片中的日期在操作方面比较简单，但是对于图片上添加的水印，如果也按照前两种方法操作就会显得有点力不从心，因为水印往往都是加在纹理比较复杂的区域。下面就为大家简单介绍去除水印的方法，去除水印可以使用（修复画笔工具）。使用该工具进行修复时首先要取样（取样方法：按住Alt键并在图像中单击），再使用鼠标在被修复的位置上涂抹。使用样本像素进行修复的同时可以把样本像素的纹理、光照、透明度和阴影与所修复的像素相融合。（修复画笔工具）同样可以应用在去除污点、日期以及多余物品等方面。

（修复画笔工具）的使用方法是：在需要被修复的图像周围按住Alt键并单击鼠标设置源文件的选取点❶后，松开鼠标将指针移动到要修复的地方，按住鼠标跟随目标选取点拖动❷，便可以轻松修复❸，图1-94所示为修复图像的过程。

图1-94　修复图像过程

掌握（修复画笔工具）的使用方法后就可以通过详细的操作进行水印清除了。

操作步骤

01 启动Photoshop，打开一张有水印的“厨卫.jpg”素材，如图1-95所示。

02 选择（修复画笔工具），在选项栏中设置“画笔”直径为19，设置“模式”为“正常”，选中“取样”单选按钮，按住Alt键并在水印边缘的肥皂盒与毛巾接壤处单击鼠标左键进行取样，如图1-96所示。

图1-95　素材

图1-96　取样

提示 使用（修复画笔工具）修复图像，取样时最好按照被修复区域应该存在的像素附近进行取样，这样能将图像修复得更好。

03 取样完毕后，将鼠标指针移到水印文字上，按下鼠标拖动覆盖整个文字区域，反复取样对水印进行修复，其过程如图1-97所示。

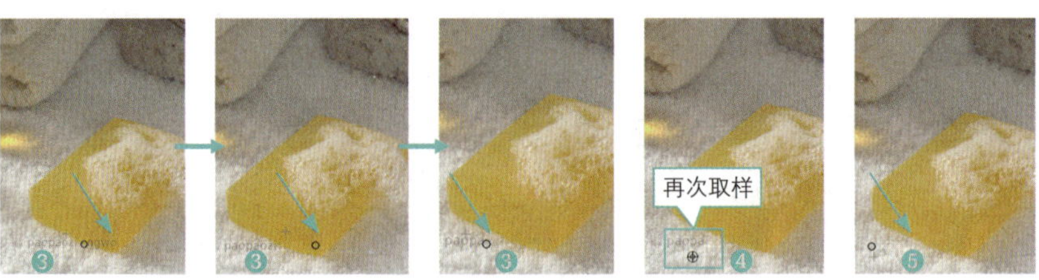

图1-97　修复过程

04 使用同样的方法，将修复后产生的边缘再进一步修复，使图像看起来更加完美，效果如图1-98所示。

图1-98　修复后

1.3.4　人物磨皮处理

磨皮是网店美工必须掌握的知识点，一名模特如果面部非常粗糙，也不会有多大的吸引力，但是如果面部光滑白嫩就会引起大多数人的注意。本节就为大家讲解一种比较实用并且快速的磨皮方法，此方法可以将皮肤变得滑嫩。

操作步骤

01 启动Photoshop，打开一张皮肤较粗糙的照片，如图1-99所示。

02 选择（污点修复画笔工具）❶，在属性栏中设置“模式”为“正常”，“类型”为“内容识别”❷，在脸上痘痘较大的位置单击❸，对其进行初步修复，如图1-100所示。

图1-99　素材

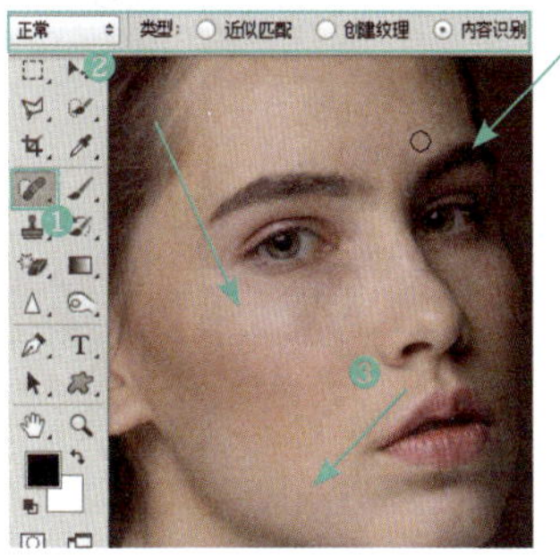

图1-100　使用污点修复画笔工具

03 执行菜单栏中的“滤镜”→“模糊”→“高斯模糊”命令，打开“高斯模糊”对话框，设置“半径”为4.8❹，如图1-101所示。

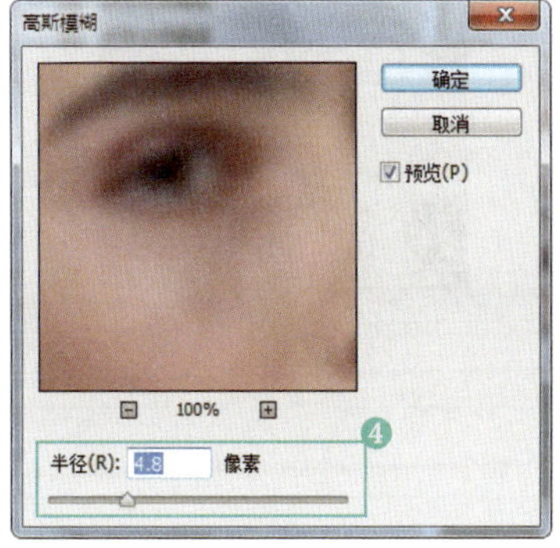

图1-101　“高斯模糊”对话框

04 设置完毕后单击“确定”按钮，效果如图1-102所示。

05 选择（历史记录画笔工具）❺，在属性栏中设置“不透明度”为25%，设置“流量”为25%❻，执行菜单栏中的“窗口”→“历史记录”命令，打开“历史记录”面板，在该面板中“高斯模糊”步骤前单击调出恢复源❼，再选择最后一个“污点修复画笔”选项❽，使用（历史记录画笔工具）在人物的面部涂抹❾，效果如图1-103所示。

图1-102　模糊后

图1-103　恢复

> **提示** 在使用（历史记录画笔工具）恢复某个步骤时，将“不透明度”与“流量”设置得小些可以避免恢复过程中出现较生硬的效果，并且可以在同一点进行多次的涂抹修复，而不会对图像造成太大的破坏。

06 使用（历史记录画笔工具）在人物的面部需要美容的位置进行涂抹，可以在同一位置进行多次涂抹，修复过程如图1-104所示。

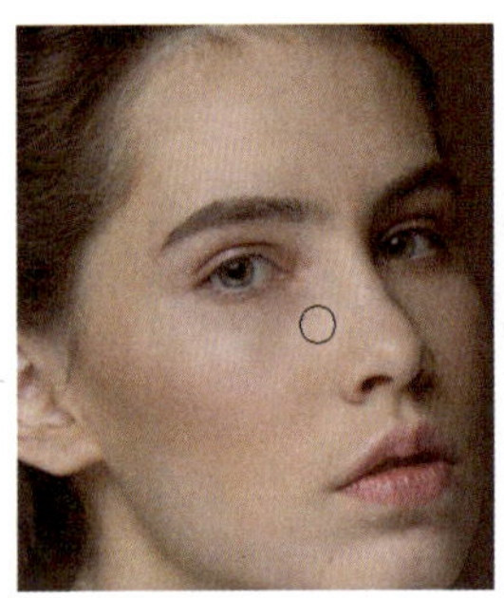

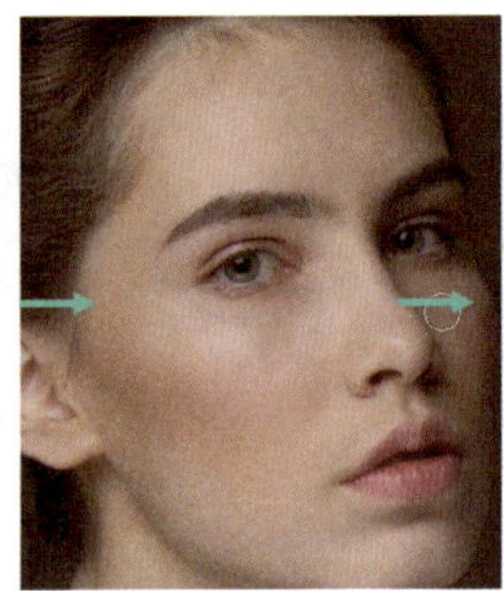

图1-104　修复过程

07 在人物的皮肤上进行精心的涂抹，直到自己满意为止，效果如图1-105所示。

图1-105　磨皮后

1.3.5　校正模糊图片

对于淘宝卖家而言，经常会遇到拍摄的照片清晰度不是太高的问题，如果想要更加清晰的图片，就需要在后期进行处理，常用的方法就是通过“高反差保留”滤镜或“USM锐化”滤镜来处理，这两个操作都非常简单，很适合初学者。先看一下通过“高反差保留”滤镜来处理的方法。

操作步骤

01 启动Photoshop，打开本书相关资源中的“帽子.JPG”素材，如图1-106所示。打开素材后发现照片的清晰度好像差一点点，下面就开始清晰度的调整。

02 按Ctrl+J组合键得到一个“图层1”图层，如图1-107所示。

图1-106　素材

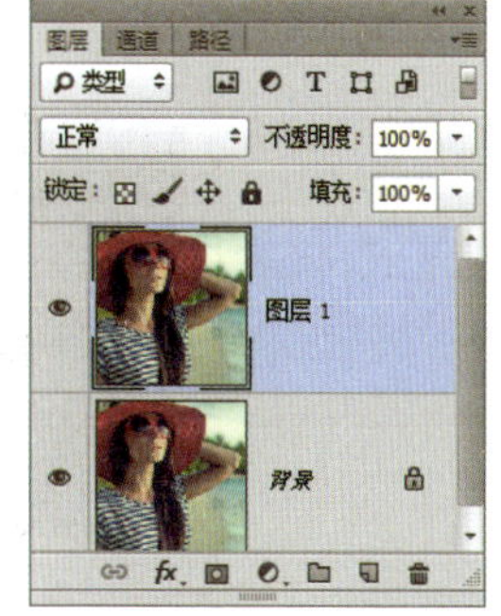

图1-107　新建“图层1”图层

03 执行菜单栏中的“滤镜”→“其他”→“高反差保留”命令，打开“高反差保留”对话框，设置“半径”为10像素，如图1-108所示。

04 设置完毕单击“确定”按钮，在“图层”面板中设置“混合模式”为“叠加”，设置“不透明度”为52%，如图1-109所示。

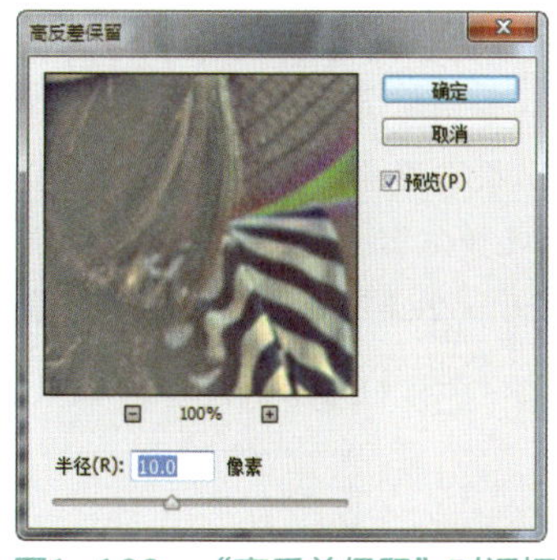

图1-108　“高反差保留”对话框

图1-109　设置混合模式与不透明度

05 此时通过对比发现图片已经清晰了很多，如图1-110所示。

图1-110　调整后的清晰度

再看一下通过“USM锐化”滤镜来处理的方法。

操作步骤

01 启动Photoshop，打开一张网拍有点模糊的宝贝照片，如图1-111所示。

打开照片后发现照片有些模糊，如果直接将此照片上传到网店中，由于看着不是很清晰，势必会影响此产品的销量。

02 下面就对模糊的效果进行调整。在Photoshop中只要执行“USM锐化”命令即可，方法是执行菜单栏中的“滤镜”→“模糊”→“USM锐化”命令，打开“USM锐化”对话框，其中的参数值设置如图1-111所示。

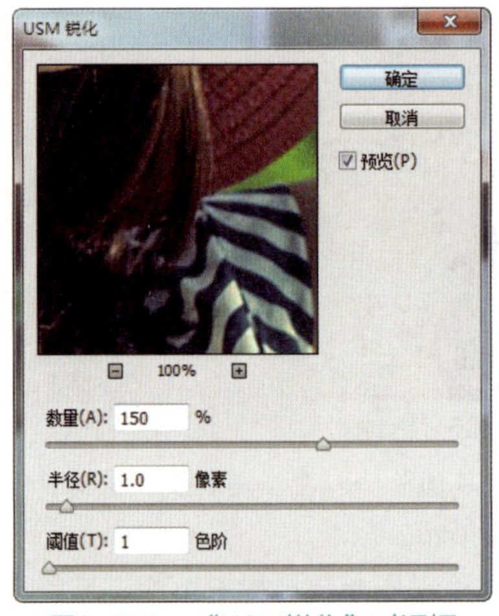

图1-111　“USM锐化”对话框

技巧　使用“USM锐化”滤镜对模糊图像进行清晰处理时，可根据照片中的图像进行参数设置。近身半身像参数可以比本例的参数设置得小一些，可以设定：数量为75%、半径为2像素、阈值为6色阶；若图像为主体柔和的花卉、水果、昆虫、动物，建议设置：数量为150%、半径为1像素，阈值根据图像中的杂色分布情况数值大一些也可以；若图像为线条分明的石头、建筑、机械，建议设置半径为3像素或4像素，但是同时要将数量值稍微减弱，这样才不会导致像素边缘出现光晕或杂色，阈值则不宜设置太高。

03 设置完毕后单击“确定”按钮，效果如图1-112所示。

图1-112　最终效果

技巧　对于一般的模糊照片，只要执行菜单栏中的“滤镜”→“锐化”→“锐化”命令，即可将图片调整清晰，也可以通过（锐化工具）在图像中进行简单的涂抹来完成清晰度的调整。

1.4 网店中常用的美工抠图

网店中只要涉及图片就离不开抠图的操作，抠图大体可分为按形状抠图和按图像抠图两种；详细来讲可以分为按规则几何图形进行抠图、复杂图像快速抠图、复杂图像精细抠图、透明图像抠图以及毛发抠图等。

1.4.1 按规则几何图形进行抠图

规则几何图形通常指的是矩形或圆形，在应对抠图时所用到的工具就是选区工具组中的（矩形选框工具）和（椭圆选框工具）。这两个工具的使用方法大致相同，都是在图像中按住鼠标向对角拖动，松开鼠标即可创建选区，将选区内的图像拖曳到新背景上就可以完成抠图了，如图1-113所示。

图1-113　使用椭圆选框工具抠图

如果针对的是矩形就可以使用（矩形选框工具），但如果是圆角矩形，就需要将绘制的矩形选区应用“平滑”命令或者直接使用（圆角矩形工具），抠图效果如图1-114所示。

图1-114　使用矩形选框工具抠图

1.4.2 复杂图像快速抠图

对于比较复杂的图像，如果想要快速进行抠图换背景，就得选对与之对应的工具，在Photoshop中能够完成这个任务的工具主要有（魔术橡皮擦）、（快速选择工具）和（魔棒工具），这3种工具通过智能运算的方式进行图像选取，将这3种工具进行对比不难发现，（快速选择工具）是使用率最高的一个工具，下面就按照这个工具的性能进行复杂图像的快速抠图。该工具可以快速在图像中对需要选取的部分建立选区，使用方法非常简单，只要选择该工具后，使用鼠标在图像中拖动即可在指针经过的地方创建选区，将选区内的图像拖曳到新背景中就可以完成抠图了，如图1-115所示。

图1-115 使用快速选择工具抠图

1.4.3 复杂图像精细抠图

对复杂图像进行精细抠图时，在操作上就要烦琐一些，但是抠图的质量会高很多，能够支持此项任务的工具主要有（钢笔工具）、（多边形套索工具）和（磁性套索工具）。从抠图细致程度来说，（钢笔工具）应该是绝对的佼佼者，因为（钢笔工具）可以在两点之间创建曲线。

钢笔工具的使用方法也非常简单，选择该工具，只要在页面中选择一点单击，移动到下一点再单击，就会创建直线路径；在下一点按下鼠标左键并拖动会创建曲线路径，按Enter键绘制的线条会形成不封闭的路径；在绘制路径的过程中，当起始点的锚点与终点的锚点相交时，鼠标指针会变成形状，此时单击鼠标，系统会将该路径创建成封闭路径。

1. 创建路径

使用（钢笔工具）绘制直线路径、曲线路径和封闭路径的具体操作如下。

操作步骤

01 启动Photoshop软件，新建一个空白文档，选择（钢笔工具）后，在页面中选择起点，单击❶，移动到另一点后再单击❷，会得到图1-116所示的直线路径。按Enter键直线路径绘制完毕。

02 新建一个空白文档，选择（钢笔工具）后，在页面中选择起点，单击❶移动到另一点❷后按下鼠标左键拖动，会得到图1-117所示的曲线路径。按Enter键曲线路径绘制完毕。

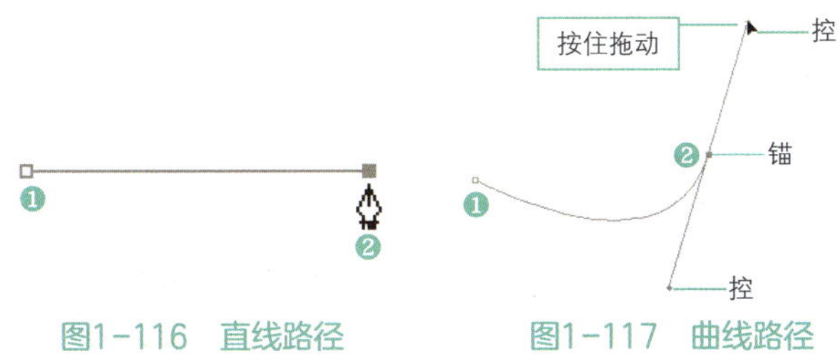

图1-116　直线路径　　图1-117　曲线路径

03 新建一个空白文档，选择（钢笔工具）后，在页面中选择起点，单击❶移动到另一点❷后按下鼠标左键拖动，松开鼠标后拖动到起始点❸单击，会得到图1-118所示的封闭路径。按Enter键封闭路径绘制完毕。

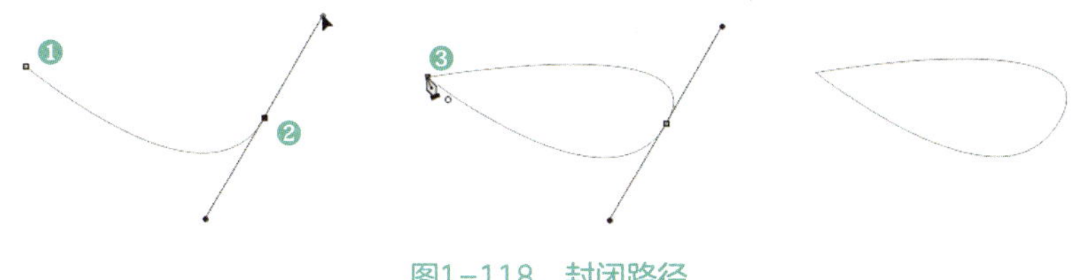

图1-118　封闭路径

2. 路径转换为选区

通过（钢笔工具）创建的路径是不能直接进行抠图的，此时只要将创建的路径转换为选区，就可以应用（移动工具）将选区内的图像移动到新背景中完成抠图。在Photoshop中将路径转换为选区的方法很简单，可以直接通过按Ctrl+Enter组合键将路径转换为选区；还可以通过"路径"面板中的"将路径作为选区载入"按钮将路径转换为选区；直接在属性栏中单击"建立选区"按钮选区...，也可以将路径转换为选区；或者在弹出的菜单中选择"建立选区"命令，将路径转换为选区。

3. 使用钢笔工具进行精确抠图

为了能够体现出（钢笔工具）在抠图上的优势，下面为大家准备了一个家居抠图案例，在这里能够清楚地看到圆弧边缘和曲线边缘的抠图。

操作步骤

01 启动Photoshop软件，打开一张沙发图片，如图1-119所示。

02 选择（钢笔工具）后，在属性栏中选择"模式"为"路径"，再在图像中沙发边缘处单击创建起始点，沿边缘移动到另一点按下鼠标左键，创建路径连线后拖动鼠标，将连线调整为曲线，如图1-120所示。

图1-119　素材

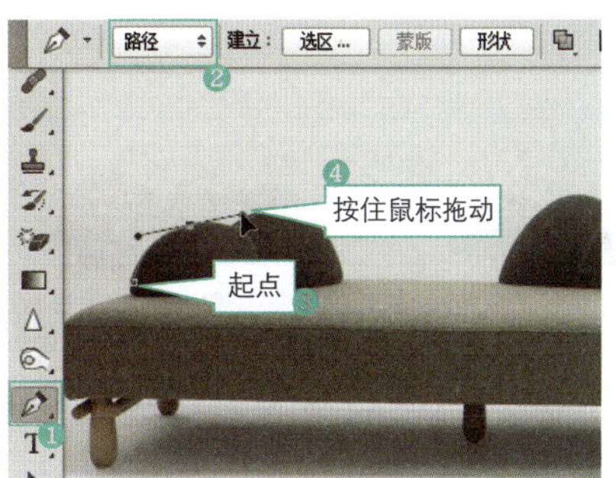

图1-120　创建并调整路径

03 松开鼠标后，将指针拖动到锚点上按住Alt键，此时指针右下角出现一个 符号，单击鼠标将后面的控制点和控制杆消除，如图1-121所示。

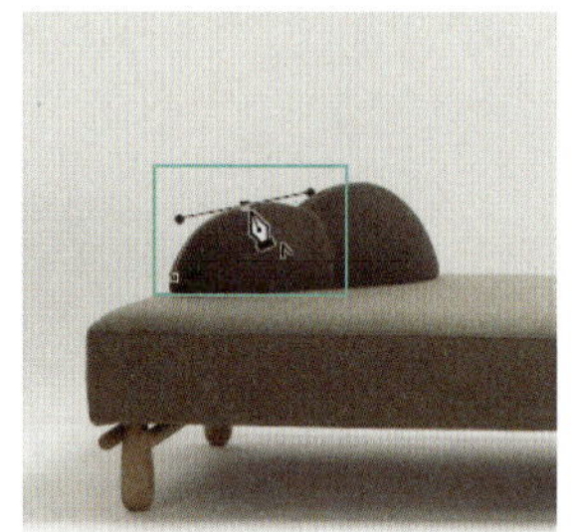
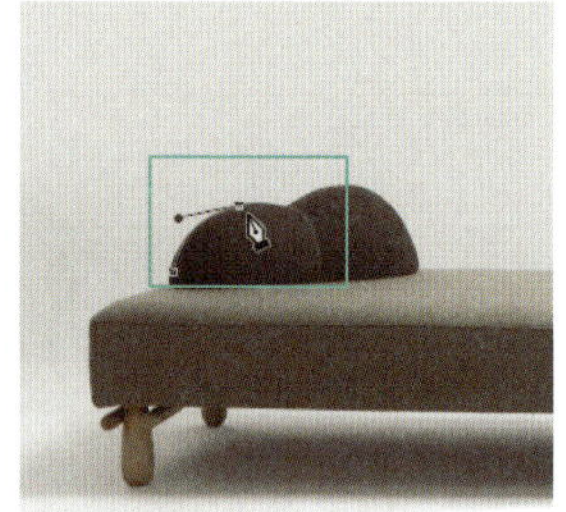

图1-121　拖动控制杆

技巧　在Photoshop中使用（钢笔工具）沿图像边缘创建路径，创建曲线后当前锚点会同时拥有曲线特性，在创建下一点时，如果不是按照上一锚点的曲线方向进行创建，将会出现路径不能按照自己的意愿进行调整的尴尬局面，此时只要结合Alt键在曲线的锚点上单击取消锚点的曲线特性，在进行下一点曲线创建时就会非常容易，如图1-122所示。

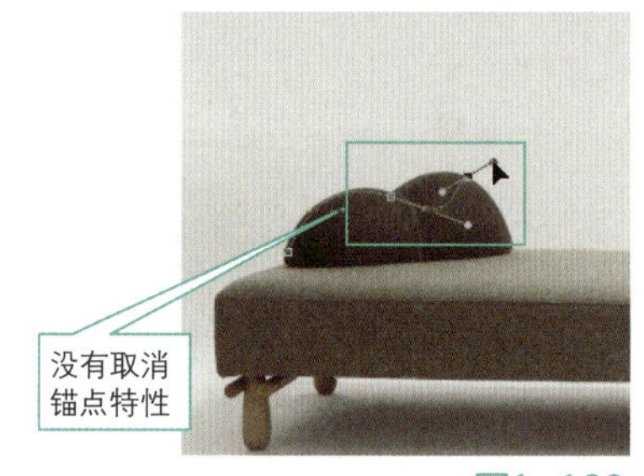

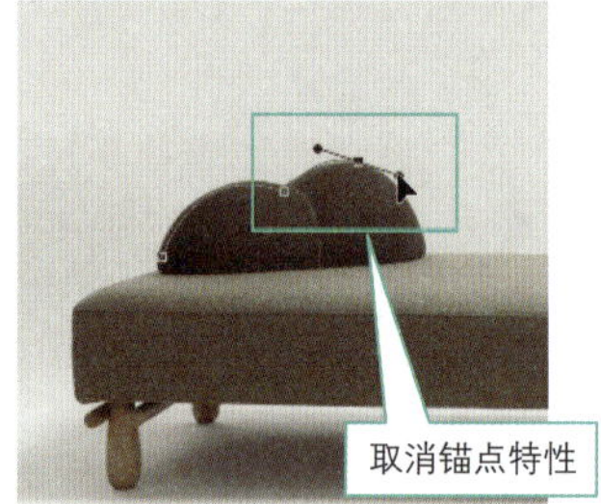

图1-122　编辑

04 到下一点按住鼠标拖动创建贴合图像的路径曲线，再按住Alt键在锚点上单击，如图1-123所示。

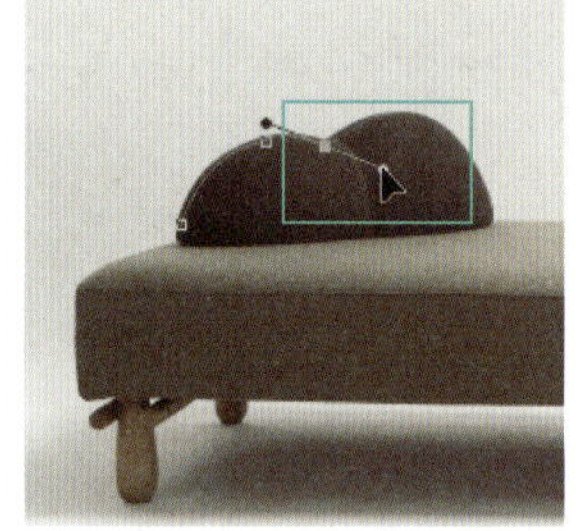

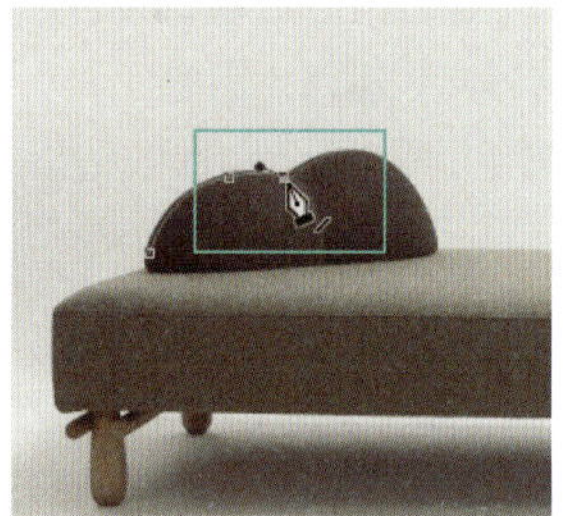

图1-123　创建路径并编辑

05 使用同样的方法在沙发边缘创建路径，过程如图1-124所示。

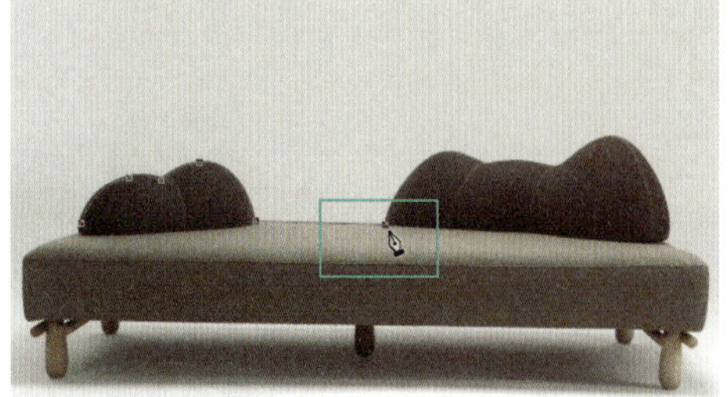
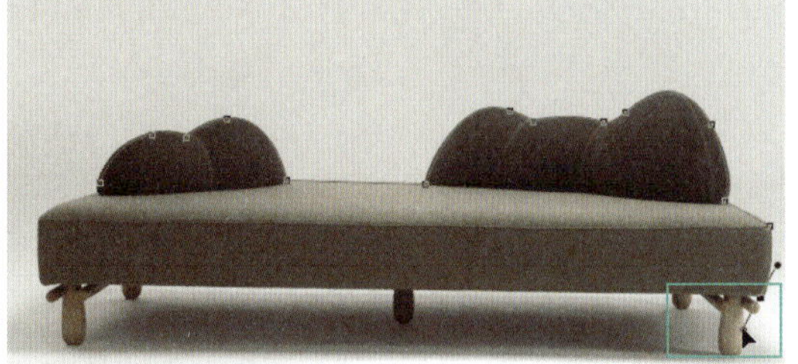

图1-124　在沙发边缘创建路径

06 当起点与终点相交时，指针右下角出现一个圆圈，单击鼠标即可完成路径的创建，如图1-125所示。

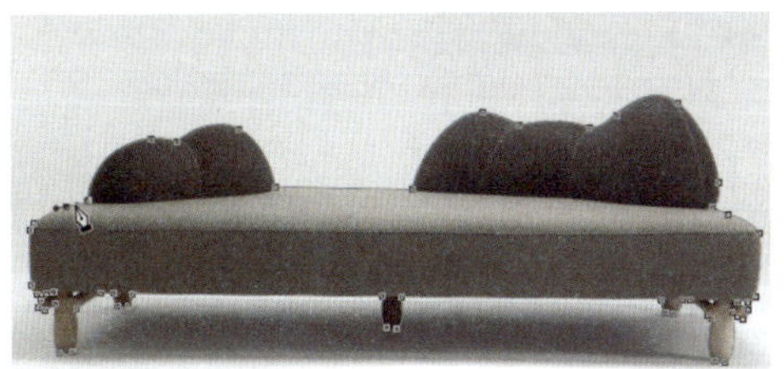
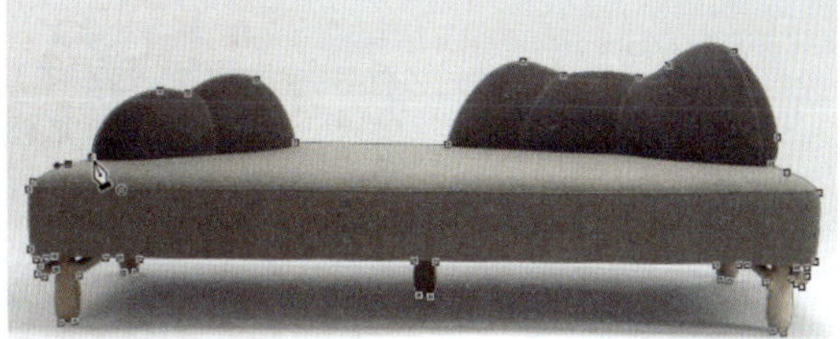

图1-125　完成路径创建

07 路径创建完毕后，按Ctrl+Enter组合键将路径转换为选区，如图1-126所示。

08 打开一张背景图，将抠取的素材拖曳到新素材中合适的位置，效果如图1-127所示。

图1-126　将路径转换为选区

图1-127　抠图后的效果

1.4.4　透明图像抠图

在Photoshop中对半透明对象抠图的功能可以在“通道”面板中完成。使用“通道”进行抠图时，通常会应用一些工具结合“通道”面板进行抠图的操作，在操作完毕后必须要把编辑的通道转换为选区，再通过（移动工具）将选区内的图像拖动到新背景中完成抠图，对通道进行编辑时主要使用（画笔工具），通道中黑色部分为保护区域，白色部分为可编辑区域，灰色区域将会创建半透明效果，如图1-128所示。

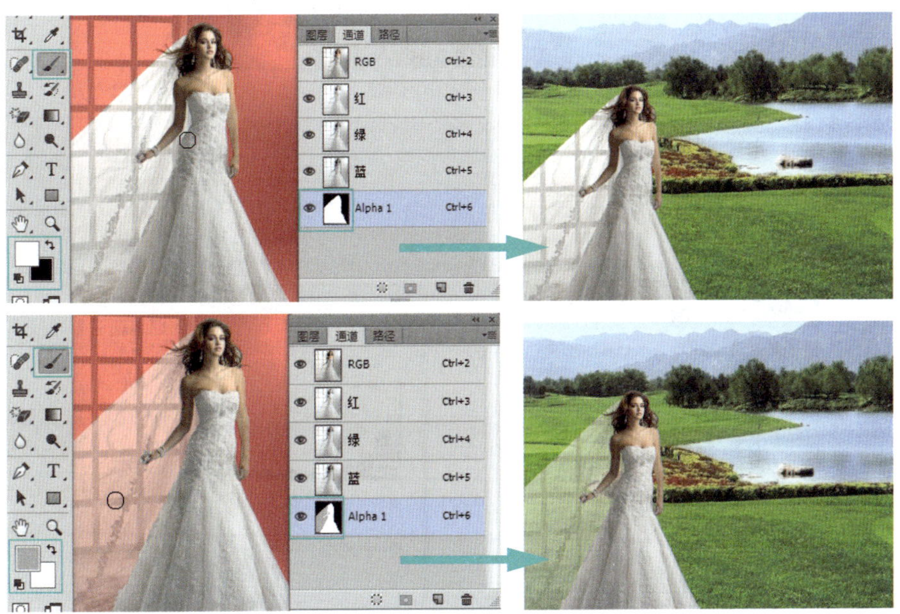

图1-128　编辑Alpha通道

图1-128　编辑Alpha通道（续）

技巧

默认状态时，使用黑色、白色以及灰色编辑通道可以参考表1-1进行操作。

表1-1　参考表

涂抹颜色	彩色通道显示状态	载入选区
黑色	添加通道覆盖区域	添加到选区
白色	从通道中减去	从选区中减去
灰色	创建半透明效果	产生的选区为半透明

下面为大家讲解在“通道”中为模特婚纱部分进行半透明抠图。具体的操作过程如下。

操作步骤

01 启动Photoshop软件，打开本书相关资源中的“婚纱01.jpg”素材，如图1-129所示。

图1-129　素材

02 切换到“通道”面板，拖动“红”通道❶到“创建新通道”按钮❷上，得到“红 拷贝”通道❸，如图1-130所示。

03 在菜单栏中执行“图像”→“调整”→“色阶”命令，打开“色阶”对话框，其中的参数设置如图1-131所示。

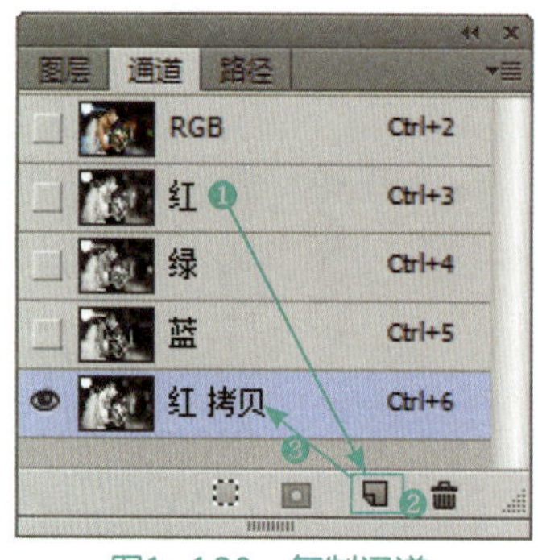

图1-130　复制通道

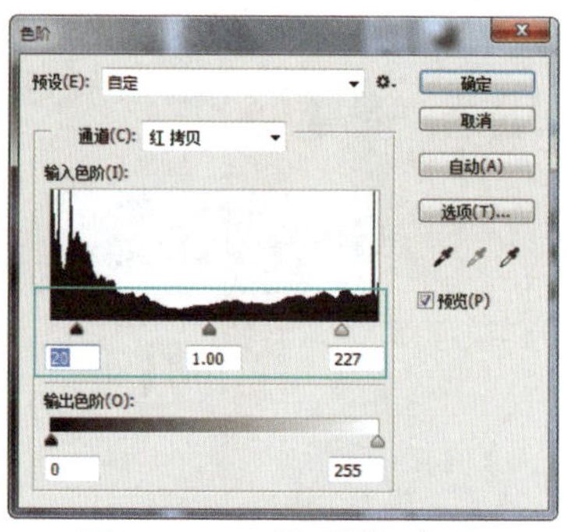

图1-131　“色阶”对话框

04 设置完毕后单击“确定”按钮，效果如图1-132所示。

05 将前景色设置为“黑色”❶，使用（画笔工具）❷在人物以外的位置拖动❸，将周围填充黑色，效果如图1-133所示。

图1-132　色阶调整后

图1-133　编辑通道

06 再将前景色设置为“白色”❹，使用（画笔工具）❺在人物上拖动❻（切记不要在透明的位置上涂抹），效果如图1-134所示。

图1-134　编辑通道

07 选择复合通道，按住Ctrl键单击“红 拷贝”通道❶，调出图像的选区❷，如图1-135所示。

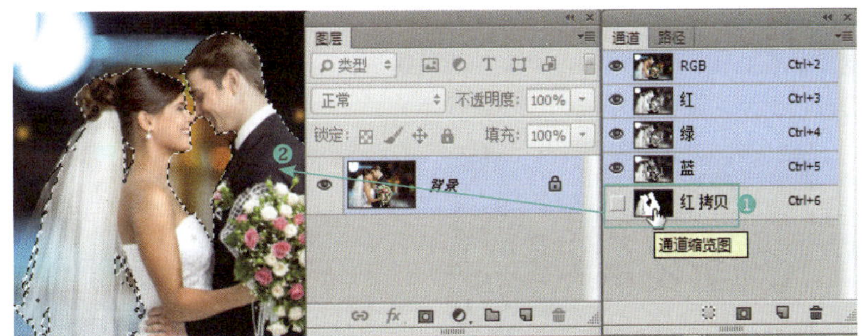

图1-135　调出选区

08 按Ctrl+C组合键复制选区内的图像，再打开本书相关资源中的“海边”素材，如图1-136所示。

图1-136　素材

09 素材打开后，按Ctrl+V组合键粘贴复制的内容，按Ctrl+T组合键调出变换框，拖动控制点将图像进行适当缩放，效果如图1-137所示。

图1-137　调整变换

10 按Enter键完成变换，最终效果如图1-138所示。

图1-138　婚纱抠图完毕

1.4.5　毛发抠图

对于网店美工非常重要的一个抠图操作是针对图像中的毛发区域进行抠图，如果使用（多边形套索工具）或（钢笔工具）进行抠图，会发现头发区域出现背景抠不干净的效果，如图1-139所示。如果想将边缘的白边去掉，就需要更加细致的操作。

图1-139　模特发丝没有抠好

选区创建完毕后，可以通过“调整边缘”命令修整发丝处的背景，具体操作如下。

操作步骤

01 打开本书相关资源中的“春装模特.jpg”素材。使用（钢笔工具）在人物上创建一个封闭路径，按Ctrl+Enter组合键将路径转换成选区，如图1-140所示。

图1-140 打开素材创建路径并转换成选区

02 创建选区后，在菜单栏中执行“选择”→“调整边缘”命令，打开“调整边缘”对话框，选择（调整半径工具）❶，在人物发丝边缘处按下鼠标向外拖动❷，如图1-141所示。

图1-141 编辑选区

03 在发丝处按下鼠标细心涂抹，此时会发现发丝边缘已经出现在视图中，拖动过程如图1-142所示。

04 涂抹后发现边缘处有多余的部分，此时只要按住Alt键在多余处拖动，就会将其复原，如图1-143所示。

图1-142 编辑发丝

图1-143 编辑选区

05 设置完毕后单击“确定”按钮，调出编辑后的选区，打开“春装背景.jpg”素材后，如图1-144所示。

图1-144　选区和背景素材

06 使用（移动工具）将选区内的图像拖动到“春装背景”文档中，调整图像大小并为其制作倒影，最终效果如图1-145所示。

图1-145　最终效果

第2章 网店外部区域引流图像设计与制作

对于网店中针对视觉方面的引流可分为网店外部引流和网店内部引流，本章讲解的内容是外部视觉引流，就是买家没有进入店铺时通过店标、直通车或钻展图将买家吸引到店铺中，之后再通过商品选购完成交易。

外部引流大体可以是单纯的文案吸引，也可以通过美工的设计将图片和文本合成一个吸引元素来吸引买家的注意，视觉图像是外部引流必不可少也是最直接的一种吸引方式。

2.1 店标设计与制作

店标就是网上店铺的标志，也就是常说的Logo，文件格式为GIF、JPG、JPEG、PNG，文件大小在80KB以内，建议尺寸为100像素×100像素。设计店铺店标的目的就是在还没有进入淘宝店铺之前，单单只是通过一个Logo来吸引买家的注意力，在搜索同类店铺时，可以在左侧看到店铺的标志，右侧会显示该店铺出售的相关商品，如图2-1所示。

图2-1 店铺标志和出售的宝贝

2.1.1 店标设计原则

通过一定的图案、颜色来向消费者传输商店信息，以达到识别商店、促进销售的目的。店标能够使消费者产生有关商店经营商品类别或行业的联想。风格独特的标识能够刺激消费者产生幻想，从而对该商店产生好的印象。

在设计店标时，大体可以分为两大派：一派是以设计为主，要求构图有创意、新颖、富有个性化；另一派是以实物为主，要求店标有内涵，能体现店

本章重点

- 店标设计与制作
- 直通车设计与制作
- 钻展图设计与制作

铺个性特征、独特品质，在店标中可以直接看出经营的产品，如图2-2所示。

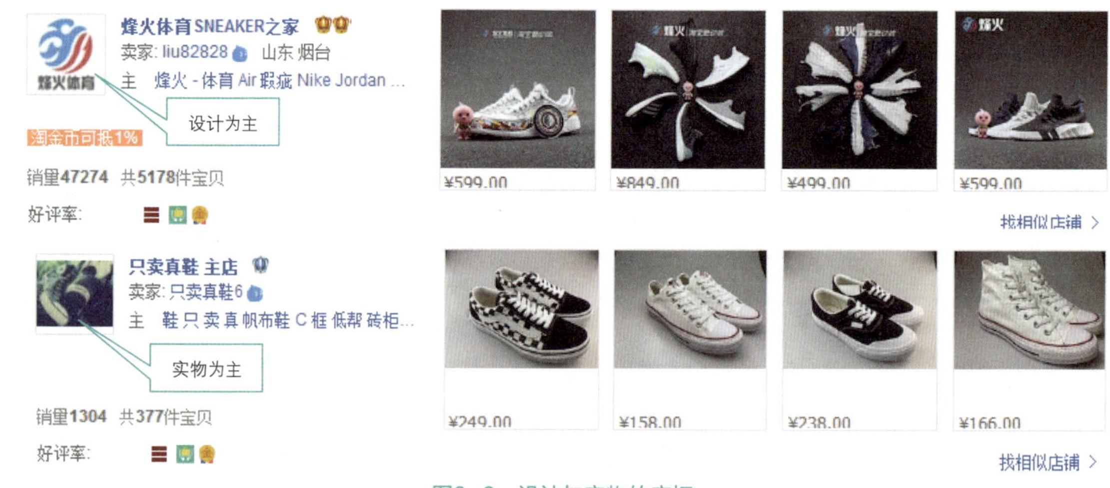

图2-2　设计与实物的店标

2.1.2　店标的制作构思

制作的思路可以通过文字、字母的组合来得到理想的设计风格，还可以通过图像化进行显示，让观看者十分容易地了解作者的制作思路，将制作时用到的标准色附加到演化过程下方，目的是让浏览者知道店标在设计时使用的颜色，如图2-3所示。

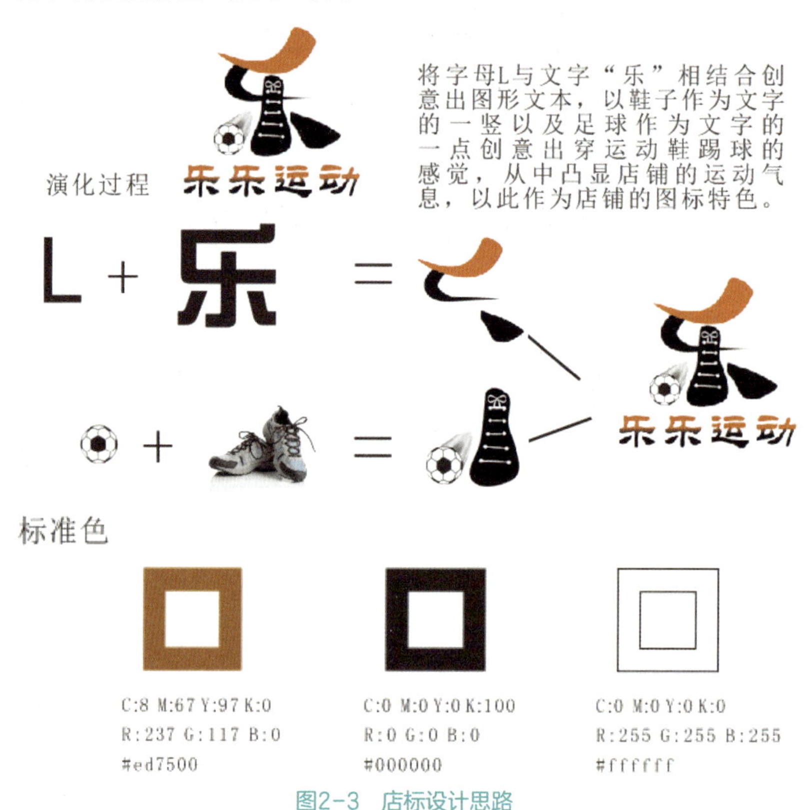

图2-3　店标设计思路

2.1.3　店标的制作过程

店标的具体制作思路已经分析完毕，制作过程包含提取关键字或首字母。将字母和图案结合，完成标志的构思。本节为经营运动鞋的店铺设计店标，以店铺名称“乐乐运动”为设计蓝本，由于直接按照100像素×100像素的大小进行编辑，图像太小操作起来不是很方便，这里可以先将大小创建为店标的5倍，之后再将其缩小，这样便于操作。具体操作过程如下。

操作步骤

01 打开Photoshop软件，执行菜单栏中的“文件”→“新建”命令，打开“新建”对话框，其中的参数设置如图2-4所示。

02 设置完毕后单击“确定”按钮，系统会新建一个空白文档，如图2-5所示。

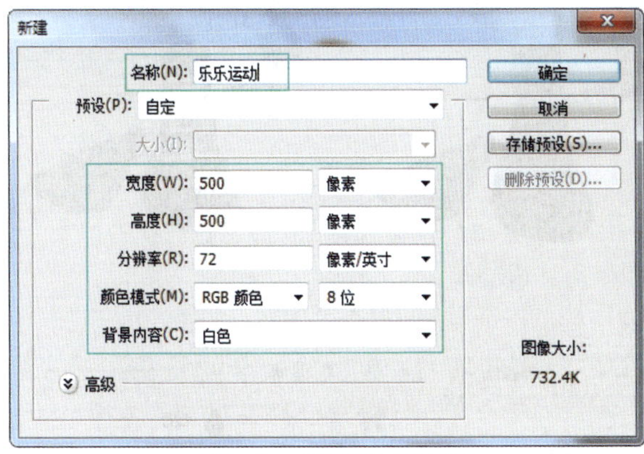

图2-4　“新建”对话框

图2-5　新建文档

03 使用T（横排文字工具）输入一个文字“乐”，按照输入的文字找到合适的图形进行拼贴，新建一个图层，使用（自定义形状工具）在“形状”选择器中选择一个类似于字母L的形状，在页面中拖动出图形后调整大小和方向，如图2-6所示。

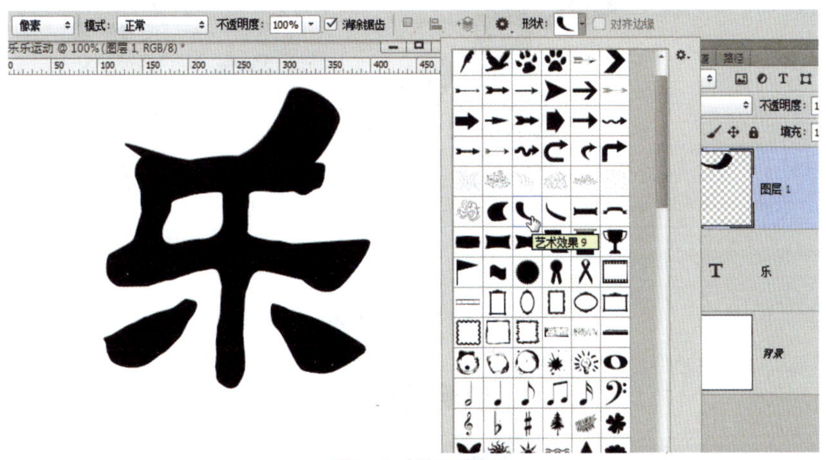

图2-6　绘制图形

04 将文字图层栅格化处理，使用选区框选出多余的位置，按Delete键将其删除，再使用（自定义形状工具）绘制一个路径形状，使用（直接选择工具）调整路径，如图2-7所示。

05 按Ctrl+Enter组合键将路径转换为选区，新建一个图层，将其填充黑色，按Ctrl+D组合键去掉选区，再使用（钢笔工具）绘制一个鞋子形状，在上面绘制出白色的圆点和连接线，如图2-8所示。

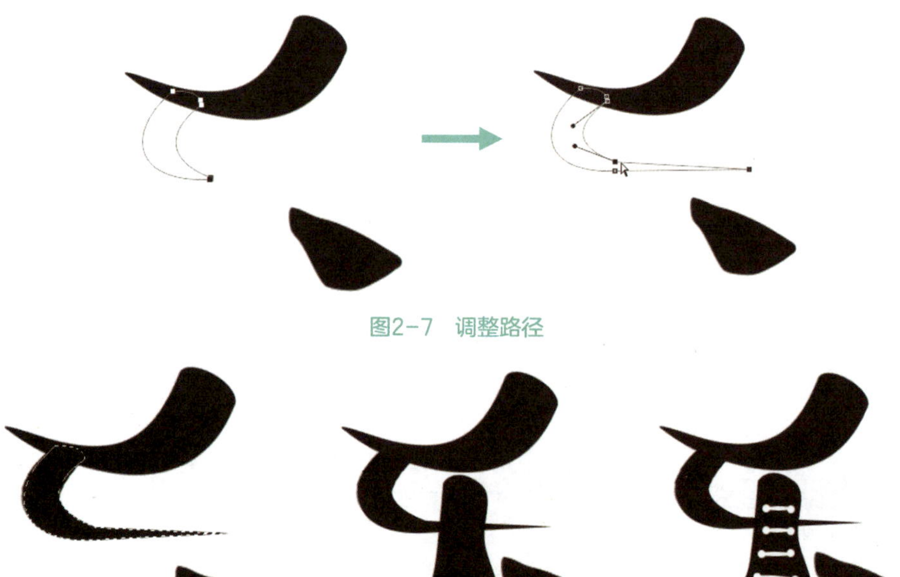

图2-7　调整路径

图2-8　绘制路径

06 新建一个图层，使用 （自定义形状工具）绘制一个类似系鞋带的图形，如图2-9所示。

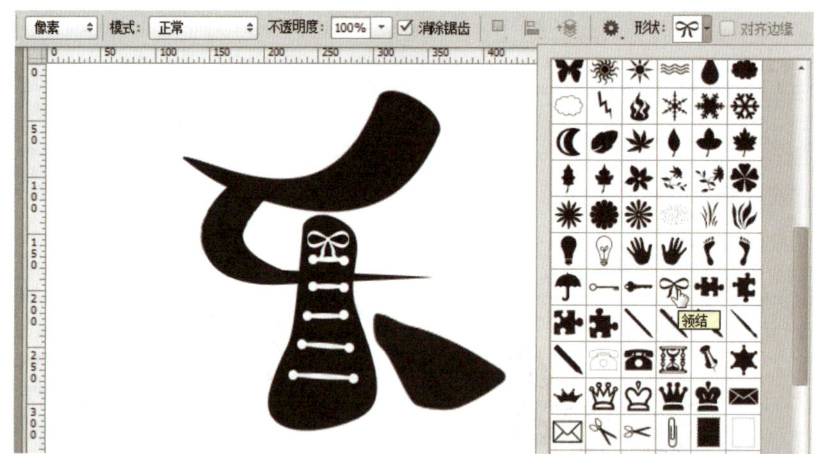

图2-9　绘制类似系鞋带的图形

07 打开随书附带的足球图形，将足球拖曳到“乐乐运动”文档中，如图2-10所示。

图2-10　移入素材

08 选择足球所在的图层，按Ctrl+J组合键复制一个副本图层，执行菜单栏中的“滤镜”→“模糊”→“动感模糊”命令，打开“动感模糊”对话框，其中的参数设置如图2-11所示。

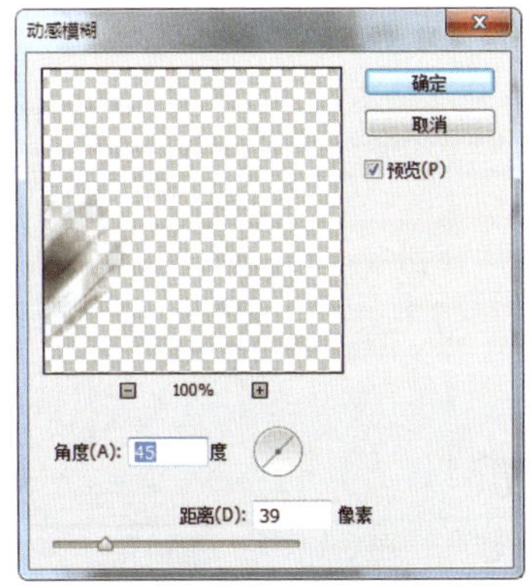

图2-11　设置模糊

09 设置完毕后单击“确定”按钮，执行菜单栏中的“编辑”→“变换”→“变形”命令，调出变形框后拖动控制点调整形状，如图2-12所示。

10 按Enter键完成变换，将其调整到足球所在图层的下一层，效果如图2-13所示。

图2-12　编辑变形　　图2-13　动感后

11 选择“乐”最上面的一笔图形所在的图层，按住Ctrl键单击该图层的缩览图，调出选区后将其填充为#ed7500颜色，如图2-14所示。

12 按Ctrl+D组合键去掉选区，再使用T（横排文字工具）输入文字“乐乐运动”，执行菜单栏中的“图层”→“图层样式”命令，在打开的“图层样式”对话框中选择“渐变叠加”选项，打开“渐变叠加”面板，其中的参数设置如图2-15所示。

图2-14　填充颜色

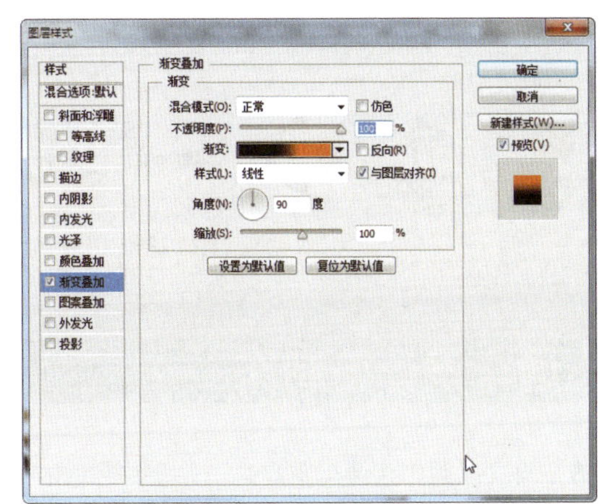

图2-15　“图层样式”对话框

13 设置完毕后单击“确定”按钮，效果如图2-16所示。

14 执行菜单栏中的“图层”→“拼合图像”命令，将其图层合并。再执行菜单栏中的“图像”→“图像大小”命令，将尺寸调整为100像素，如图2-17所示。

图2-16　店标

图2-17　“图像大小”对话框

15 设置完毕后单击“确定”按钮，完成本次图标的制作，如图2-18所示。

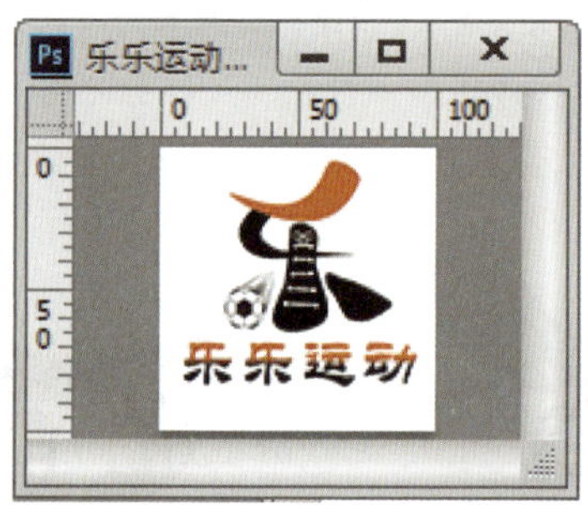

图2-18　图标制作效果

对于不同产品可以设计出不同的店标，图2-19所示的图像为各种Logo设计。

图2-19　店标（Logo）示意

2.2　直通车设计与制作

对网店美工而言，制作直通车图片是一件非常普通的事，因为在买家还没有进入店铺或详情页之前，最先看到的恐怕只有直通车图片了。所以，设计一个直通车图片，在淘宝运营和推广中起着非常重要的作用。直通车是淘宝卖家推广店铺经常用到的手段之一，直通车推广要想吸引人来点击，带来流量，首先要做好图片的视觉优化和文字的精练排版工作，如图2-20所示。

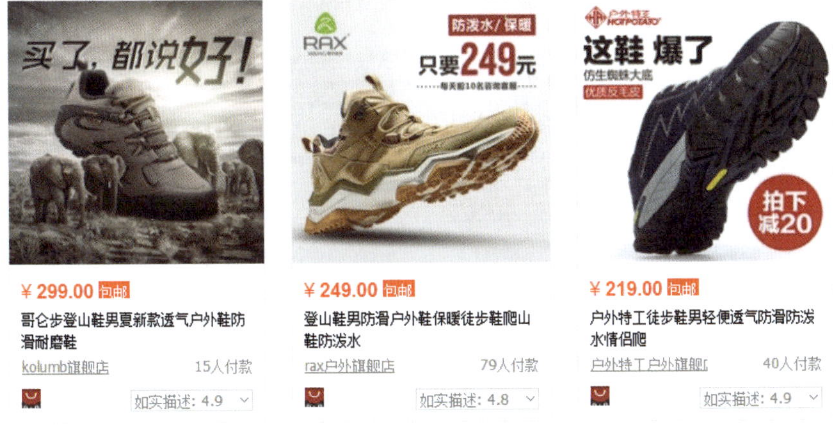

图2-20　淘宝中的直通车图片

2.2.1　直通车图片的设计原则

大家要知道，淘宝直通车推广是要引来流量吸引人来点击，除了要做好文字的精练排版之外，推广图制作也是必不可少的。别小看这小小的推广图，能否有效地为网店带来流量甚至转化率，可都靠它呢。

直通车图片设计的好坏，可以直接影响到店铺的销量，在设计图片时应该在视图美观、吸引买家、传达主体信息以及紧紧抓住直通车的设计要领方面下功夫。

1. 视图美观

视觉美观是直通车图片设计最基本的原则。试想一下，如果一个直通车图片的用色俗气，版式杂乱无章，文字难以辨认，而且错字频出……这样一款设计糟糕的图片连让用户看第二眼的欲望都没有，又何谈宣传推广、招揽顾客？

下面是设计精美时尚的直通车图片，这些图片无论从配色、版式再到文字应用，都让用户感到由衷的惬意，这样的网店直通车图片无疑能够受到用户的追捧，如图2-21所示。

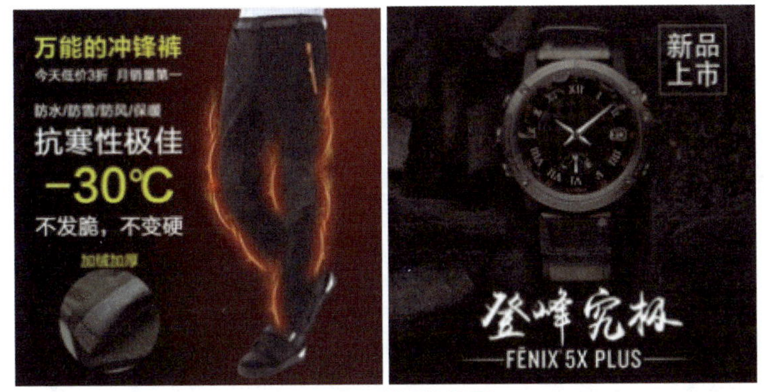

图2-21　美观的视图

2. 吸引买家

在定位方向后，制作直通车图片还要考虑图片的卖点，将卖点放置到直通车图片中并将其放大，可以更加直接地辅助产品本身吸引流量，以下便是不同卖点的一个总结，如图2-22所示。

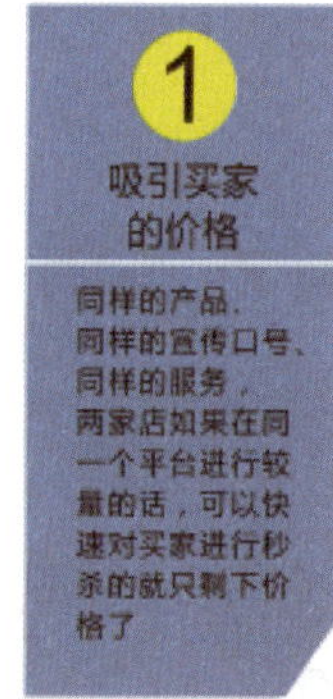

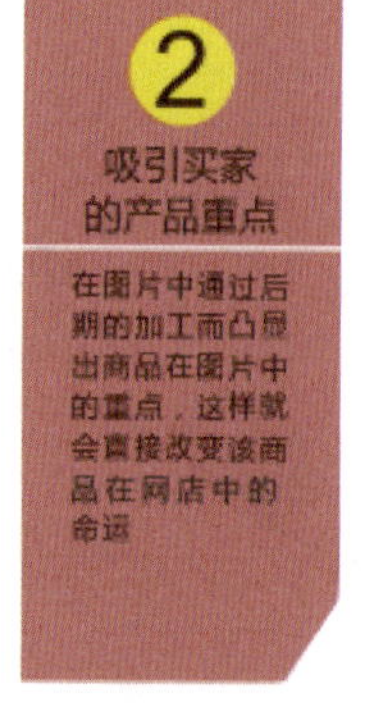

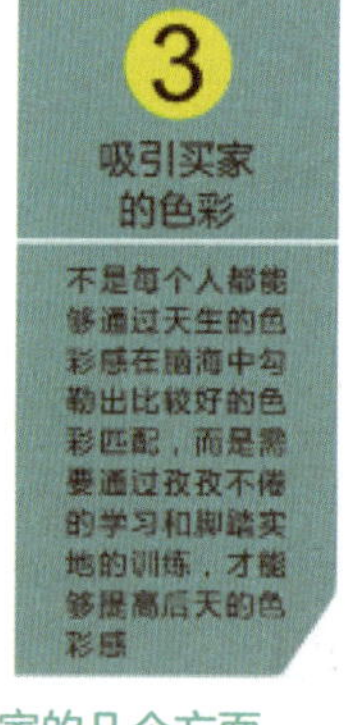

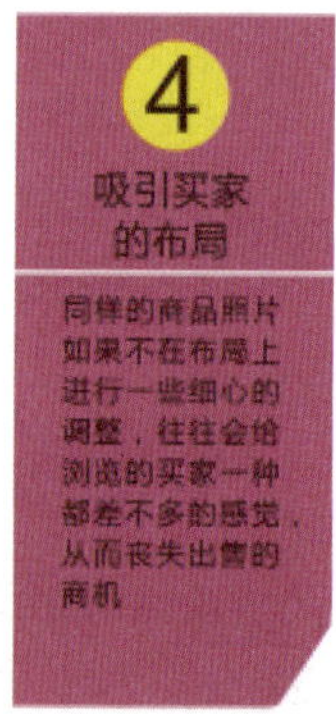

图2-22　吸引买家的几个方面

同样的产品、同样的宣传口号、同样的服务，两家店如果在同一个平台进行较量的话，通过在直通车图片中凸显出商品本身的价格优势和产品重点来吸引客户，可以非常容易地抢到客户。在对商品照片进行设计时，应该避开商品的第一视觉，让买家先看到产品的品牌，然后再看到商品的促销价格或产品重点，这样的好处是可以让买家在心理上产生对当前品牌商品的接受度，从而达到成交的目的，图2-23所示为在设计时应用了价格优势和凸显产品重点的直通车图片。

图2-23　吸引买家的价格和重点

如果从图片设计中吸引买家，可以在色彩和布局上进行设计构思，先让买家看着舒服，然后接受该商品。在拍摄中可使用与商品本身色彩差异较大的背景色，但是也不要让背景的颜色太过于复杂；否则很容易使商品图片中的主导地位受到影响，如图2-24所示。淘宝直通车图片的布局也就是构图，一个好的构图可以让浏览者看起来十分舒服，直通车图片的构图主要有如图2-25所示的几种。

图2-24　吸引买家的色彩

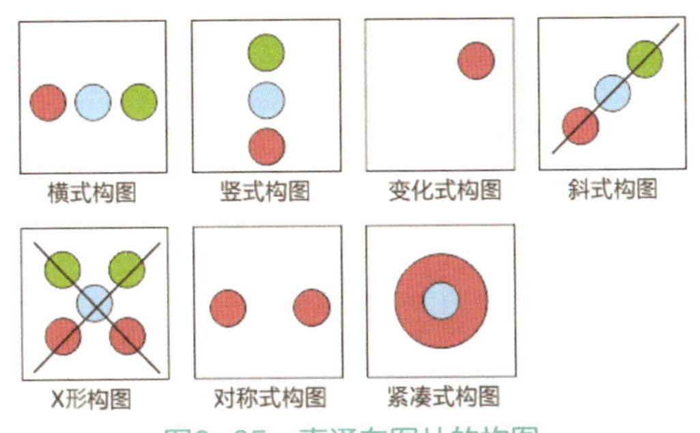

图2-25　直通车图片的构图

3. 传达主体信息

明确了卖点之后就是对直通车图片的后期设计了，在设计中应该考虑的无非就是以单独宝贝展示、宝贝+文案、宝贝与文案创意结合，如图2-26所示。

图2-26　传达主体信息

4. 直通车的设计要领

在对直通车图片进行设计时一定要考虑图片设计的一些要领，才能在成千上万的宝贝中脱颖而出。这里为大家总结出了图2-27所示的三点，让大家快速掌握设计要领。

图2-27　直通车的设计要领

在直通车图片设计时展现出差异化效果，一定要结合搜索环境去考虑，我们去看自己的精准对手都在用什么样的图片，在你平常去的位置所在的宝贝的图片是怎么样的，通过这些基础分析，去考虑做差异化的图片设计，如面膜，别人都是只展示产品本身的时候，我们可以将其做成前后对比的效果，或者制作创意图片。

2.2.2 直通车图片的制作

直通车图片就是宝贝主图中的第一张图片，在设计制作时直通车图片尺寸为800像素×800像素时放大效果；其中文字不要太多，突出重点就好。本节以运动鞋为商品制作一个直通车图片，既然是运动鞋，就要以户外为背景，再展现出当前商品的本身，然后再通过设计为商品增加一些视觉吸引效果，图2-28所示的图片为本次要做的直通车图像。具体操作如下。

图2-28　运动鞋直通车图片

操作步骤

01 首先分析当前图片的设计布局。本例以左右结构作为一个整体的布局，在此基础上再进行相应的设计，如图2-29所示。

02 新建一个宽度和高度都为800像素的正方形空白文档，为了衬托出户外的感觉，使用■（渐变工具）填充一个从天蓝色到白色的渐变作为背景色，如图2-30所示。

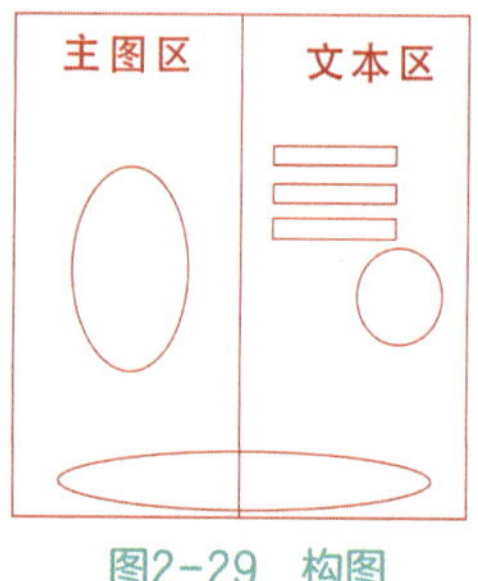

图2-29　构图

图2-30　填充渐变色

03 打开小岛和云层素材，将其拖曳到“直通车”文档中，将云层所在的图层添加图层蒙版，使用黑色画笔进行编辑，效果如图2-31所示。

图2-31　移入素材编辑蒙版

图2-31　移入素材编辑蒙版（续）

04 将云层调得亮一点，背景制作完毕后，下面开始制作商品的主体部分。打开一张鞋子图片，使用（钢笔工具）将鞋子区域抠出后拖曳到"直通车"文档中，将其进行顺时针旋转90°，再执行菜单栏中的"编辑"→"操控变形"命令，添加控制点，将鞋子底部变得弯曲，效果如图2-32所示。

图2-32　移入素材编辑变换

05 按Enter键完成变换，使用（加深工具）将鞋子尖部调整得暗一些，效果如图2-33所示。

图2-33　编辑鞋尖

06 鞋子尖部加深后，再为其添加一个阴影，使其与地面结合得更加完美。绘制羽化后的椭圆选区，将其填充黑色，如图2-34所示。

图2-34　添加阴影

07 鞋子主体部分制作完毕后，下面开始制作与本图片相对应的细节辅助部分。移入一个人物素材，同样添加阴影，效果如图2-35所示。

图2-35　移入素材

08 为了体现出鞋子与人物的大小对比，下面为其制作云彩缠绕鞋子的效果。首先要制作云彩，在工具箱中选择（画笔工具）后，按F5键打开“画笔”面板，分别设置画笔的各项功能，如图2-36所示。

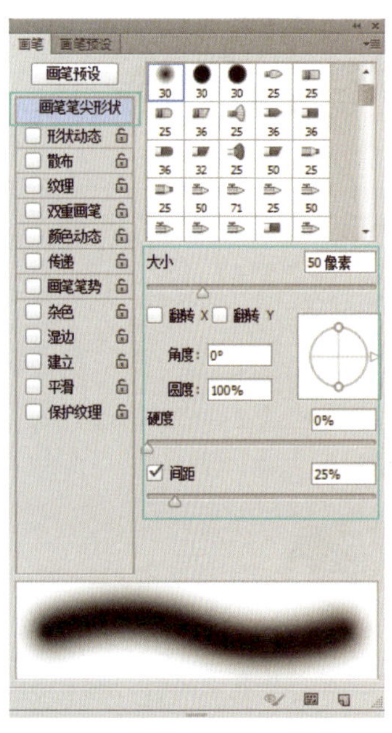

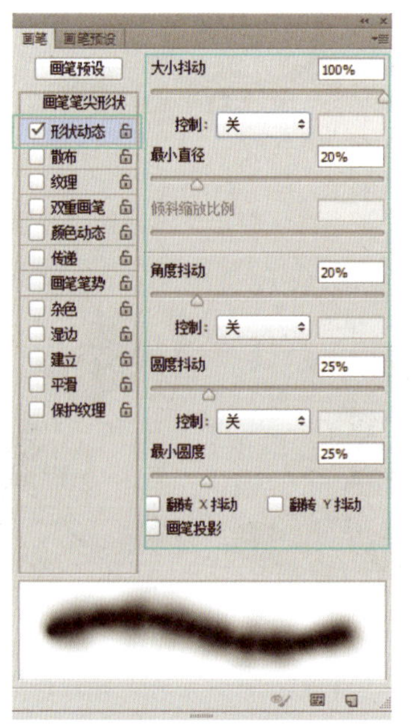

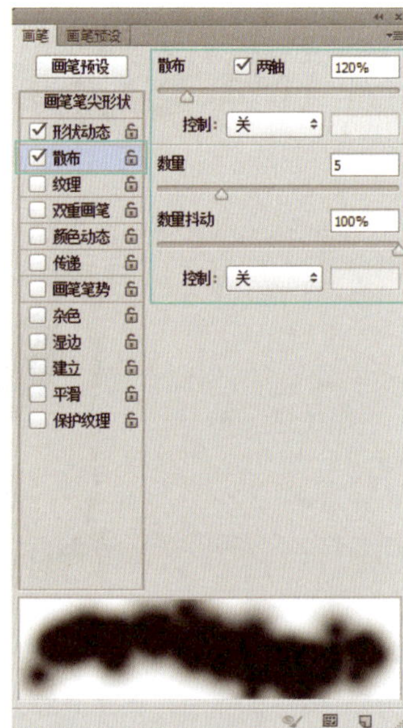

图2-36　设置画笔

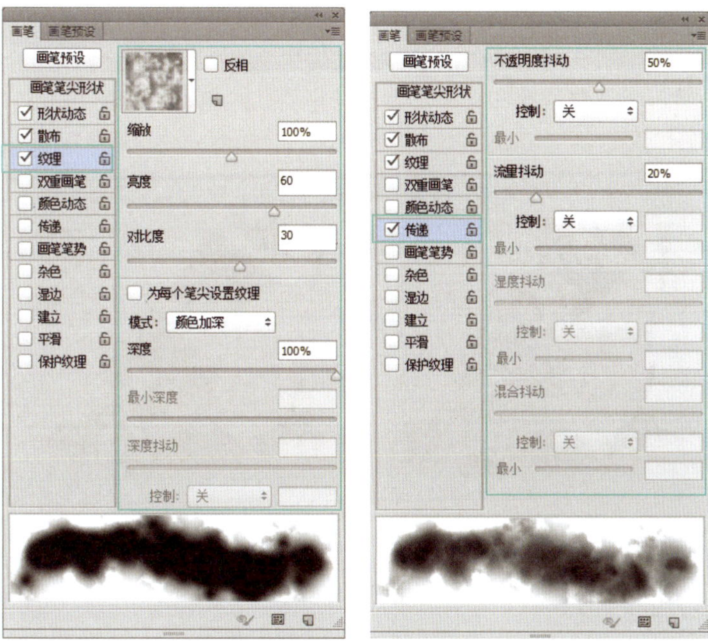

图2-36　设置画笔（续）

09 云彩设置完毕后，再新建一个图层，将前景色设置为白色，使用（钢笔工具）在鞋子上绘制一条路径，如图2-37所示。

10 打开“路径”面板，单击“用画笔描边路径”按钮，此时会在路径上描上一层白色的云彩，如图2-38所示。

图2-37　绘制路径

图2-38　描边路径

11 为云彩图层添加蒙版。使用黑色画笔进行编辑，新建图层，再使用（画笔工具）绘制一些云彩，如图2-39所示。

图2-39　编辑与绘制云彩

12 打开其他的修饰素材，将其拖曳到当前文档中，如图2-40所示。

13 左面商品部分制作完毕，下面开始制作文字区域，这里的文字可以一个一个输入，也可以输入后进行栅格化处理，再调整位置和大小。为了与小岛上的植物相匹配，将文字设置为绿色，如图2-41所示。

图2-40 移入素材

图2-41 输入文字

14 文字输入并排版完毕后，再制作圆进行修饰。首先绘制圆，然后绘制大一点的正圆填充合适的颜色，如图2-42所示。

图2-42 绘制正圆

15 最后在图形上输入打折的文字，完成本例的制作，效果如图2-43所示。

图2-43 最终效果

2.3　钻展图设计与制作

淘宝钻展位能吸引买家进店，看似简单的钻展图片，制作起来难度却较大！图片是否够吸引人、图片制作规格是否符合淘宝规定等，都需要设计者了解，好的淘宝钻展图绝对可以为店铺带来流量，在淘宝首页、淘宝频道、淘宝站外均设有钻展位，尺寸有50多种，图2-44所示为淘宝首屏的钻展主图。

图2-44　淘宝首屏钻展主图

2.3.1　钻展图片的设计原则

一个钻展位置的投放，前期要经过许多的数据分析及投入产出比值预算才能确定，可不是那么容易的。毕竟广告是花钱做的，若没有足够的把握能带来效益，商家也不会贸然行事。因此，在钻展广告投放前，对钻展图片要求也十分严格。

钻展图的设计原则与直通车的设计原则基本相同，只是在设计时比直通车更加严格。

由于淘宝网首页不允许出现Flash广告，所以只能用JPG格式或者GIF格式的图片。字体建议使用方正字体或者宋体、黑体。

钻展位的特点主要有以下两个。

（1）范围广。覆盖全国大约80%的网上购物人群，每天超过12亿次的展现机会。

（2）定向精准。目标定向强，迅速锁定目标人物，广告投其所好，加大订单转化量。

2.3.2　钻展图片主图设计与制作

钻展主图就是淘宝首页第一屏中的大焦点图，设计主图时要求先掌握其图片尺寸规格、卖点、文案等内容，本小节以运动鞋作为素材进行钻展图制作，本例中的效果图只有一个素材，当素材受到限制时，就要在图像的色调或者文字方面加大设计力度，如图2-45所示。具体操作如下。

图2-45　钻展图

操作步骤

01 在设计本例时主要运用版式中的点作为修饰，以文字线和正圆线来吸引买家，这里由于只有一张图片，在设计时将文字以手写体来输入会更能增加画面的动感。首先新建一个“宽度”为520像素、“高度”为280像素的空白文档，再打开一张运动鞋图片，将其拖曳到文档中，调整大小，如图2-46所示。

02 在图像中使用选区工具绘制一个正圆选区和一个梯形选区，如图2-47所示。

图2-46　移入素材

图2-47　绘制选区

03 按Ctrl+Shift+I组合键将选区反选，单击“图层”面板中的（创建新的填充或调整图层）按钮，在弹出的菜单中选择“黑白”命令，打开“黑白”调整属性面板后设置参数值，如图2-48所示。

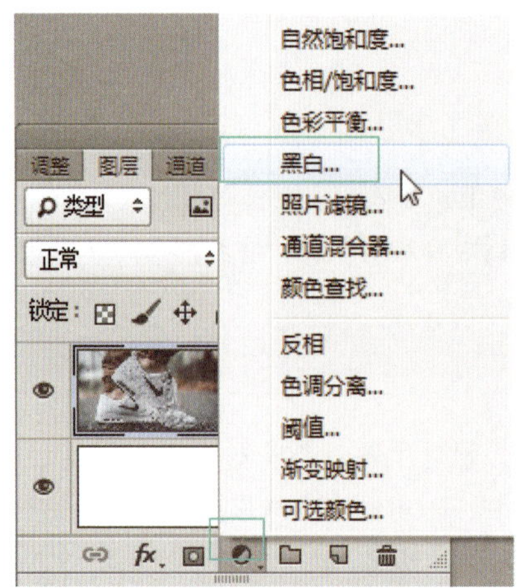

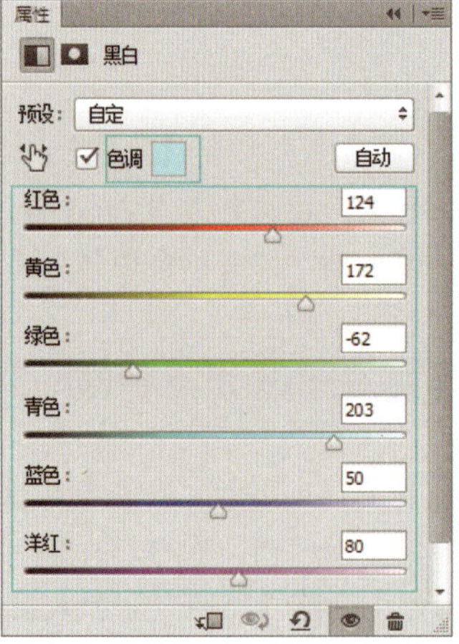

图2-48　调整黑白

04 将背景调整为冷色调，如图2-49所示。

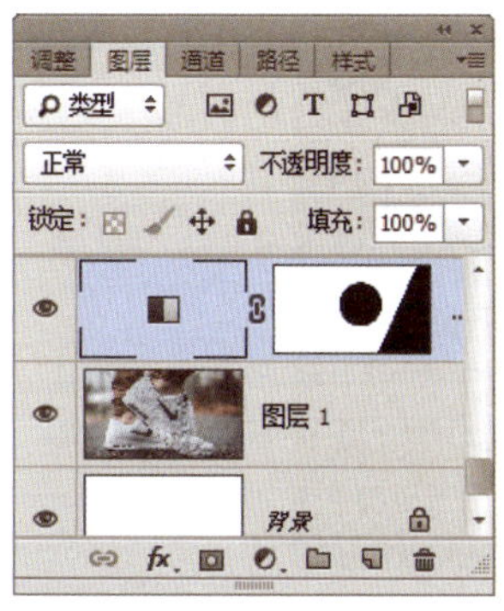

图2-49　调整背景

05 再将右侧的梯形区域调整一下色调。在梯形处创建选区，为其添加一个“色相/饱和度”调整图层，效果如图2-50所示。

图2-50　调整色相/饱和度

06 此时整个背景部分制作完毕，下面将鞋子需要凸显的区域凸显出来，新建一个图层绘制正圆选区，执行菜单栏中的“编辑”→“描边”命令，打开“描边”对话框，将描边“颜色”设置为“红色”，目的是与背景出现一个对比效果，如图2-51所示。

图2-51　设置描边

07 按Ctrl+D组合键去掉选区，下面开始制作文字部分，单纯地制作手写字体非常费时间，这里为大家找到了两款书法字体，一种适合汉字，一种适合英文，如图2-52所示。

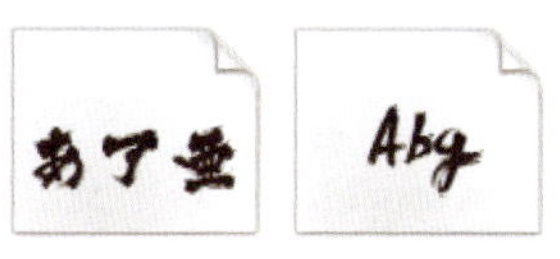

图2-52　两款书法字体

08 安装字体后直接输入文字，调整文字位置和大小，这里将文字设置为红色，如图2-53所示。

图2-53 输入文字

09 选择文字所在的图层，按Ctrl+E组合键合并图层，再执行菜单栏中的“图层”→“图层样式”命令，选择“外发光”选项，打开“外发光”面板，其中的参数设置如图2-54所示。

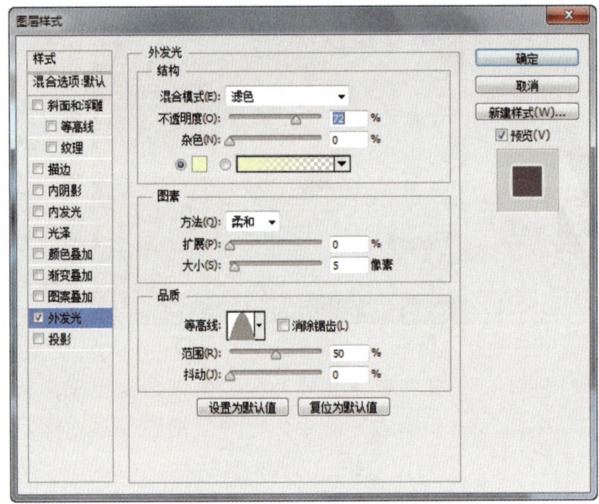

图2-54 外发光设置

10 设置完毕后单击“确定”按钮，完成文字外发光添加，使用同样的方法为红色圆环添加外发光，如图2-55所示。

图2-55 添加外发光

11 复制鞋子所在的图层1，得到一个副本图层，将其调整到合并文字的上方，执行菜单栏中的“图层”→“创建剪贴蒙版”命令，再按Ctrl+T组合键调出变换框，将图像缩小并调整位置，按Enter键完成变换。效果如图2-56所示。

图2-56　剪贴蒙版

12 单击"图层"面板上的□（添加图层蒙版）按钮，为图层1副本添加一个白色蒙版，使用黑色画笔涂抹"耐克"对应位置的图片，效果如图2-57所示。

图2-57　编辑蒙版

13 选择图像缩览图，在圆环内部绘制一个选区，按Shift+Ctrl+U组合键去掉颜色，效果如图2-58所示。

图2-58　去色

14 按Ctrl+D组合键去掉选区，在文字图层的下方新建一个图层，在图像上绘制几个小正圆，调整不透明度，此处是用来进行修饰的，效果如图2-59所示。

15 在文字上再绘制一个羽化后的白色圆作为虚光修饰，至此本例制作完毕，效果如图2-60所示。

图2-59　圆点修饰

图2-60　最终效果

2.3.3 钻展图片右侧小图设计与制作

钻展小图在淘宝首页一屏中会起到非常重要的视觉作用，本小节以女士风衣作为素材来制作一个钻展小图，如图2-61所示，在设计时主要按照模特本身的形体在左上角通过透视图形制作具有透视效果的文字背景。具体操作如下。

图2-61 首屏钻展小图

操作步骤

01 打开Photoshop软件，执行菜单栏中的“文件”→“打开”命令，打开一张女士风衣模特素材，如图2-62所示。

图2-62 素材

02 使用（裁剪工具）将图片裁剪成“宽度”为200像素、“高度”为250像素的图像，效果如图2-63所示。

图2-63 裁剪图片

03 对模特照片的色调进行调整。执行菜单栏中的“滤镜”→Camera Raw命令，打开Camera Raw对话框，其中的参数设置如图2-64所示。

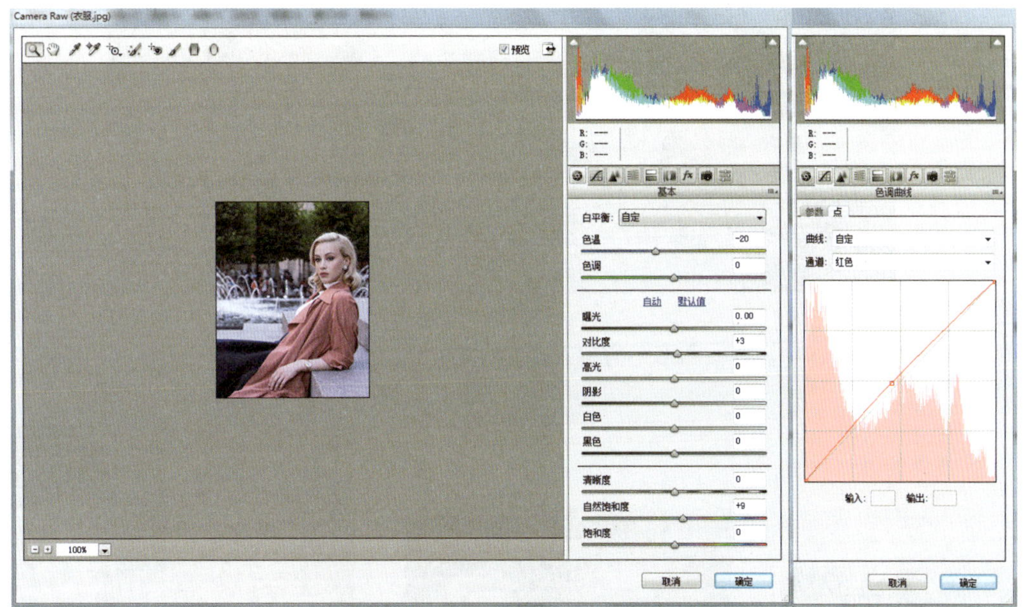

图2-64　Camera Raw滤镜设置

04 绘制如图2-65所示的矩形，并调整不透明度。

图2-65　调整不透明度

05 新建图层，绘制一个红色矩形，再在左侧绘制一个矩形选区，执行菜单栏中的“编辑”→“变换”→“扭曲”命令，将选区内的图像进行扭曲处理，如图2-66所示。

06 按Enter键完成变换，使用（加深工具）将选区内的像素做加深处理，按Ctrl+D组合键去掉选区，效果如图2-67所示。

图2-66　扭曲

图2-67　将像素做加深处理

07 使用同样的方法制作中间和下面的图形，再设置不透明度，效果如图2-68所示。

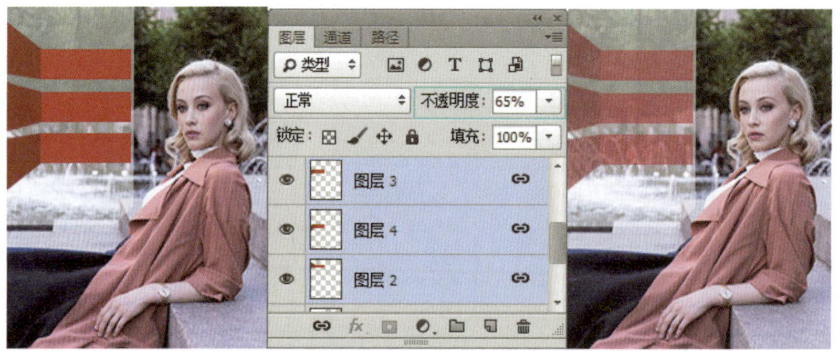

图2-68 设置不透明度

08 在上面输入白色文字，再在图形下方输入红色文字，此处的文字尽量使用黑体，效果如图2-69所示。

图2-69 输入文字

09 在文字区域的下方使用（椭圆工具）绘制一个红色正圆，添加描边并设置不透明度，在上面输入白色文字。至此本例制作完毕，效果如图2-70所示。

图2-70 最终效果

钻展图还有其他尺寸，效果如图2-71所示。

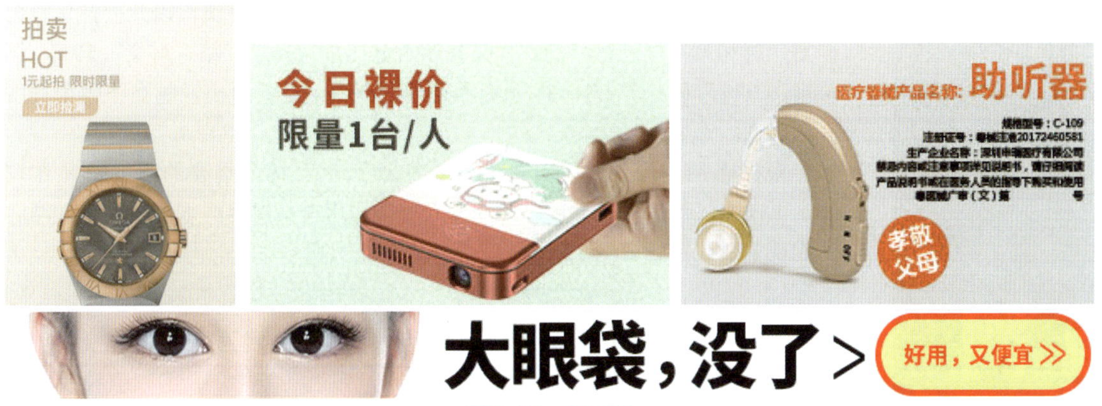

图2-71　钻展图

第3章 网店首屏元素设计与制作

人们在浏览网店时，眼睛的视觉点会习惯性地从上向下、从左向右地进行移动，所以在网店中起到第一视觉点作用的非第一屏莫属，以此类推人眼会向第二屏和第三屏进行移动。如果按照百分比进行排序，第一屏会占50%，第二屏占20%，第三屏占10%，其他屏总共占20%。由此看出，越往下吸引程度就会越低。

根据布局构图的顺序，在第一屏中通常也会把最重要的内容凸显在左侧，再向右，然后再向下，以此来分布整个网店首页内容的重要程度，在网店中的视觉引线图就像一个阿拉伯数字7，如图3-1所示。

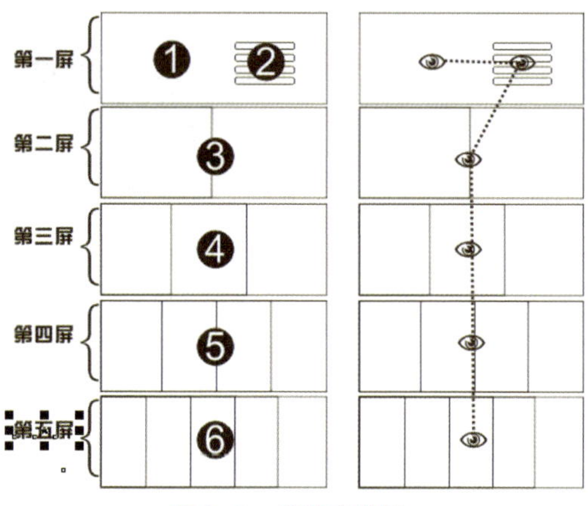

图3-1 视觉引线图

3.1 店招设计与制作

一个好的店招会在顾客进入店铺时给他留下深刻的印象，让买家进入店铺时就知道这个店是卖什么的，这就是店招在店铺中的作用。在设计店招时尺寸是必须要优先考虑的；否则，做好的店招也许不能上传。

3.1.1 店招设计的原则

店招要直观、明确地告诉客户自己店铺是卖什么的，表现形式最好是实物照片和文字介绍，但是文字在店招中不能太多，如果太多会显得混乱，如图3-2所示。

在制作店招时最好秉承以下几个要点。

店招设计要点一：店铺名字（告诉客户自己店铺是卖什么的，品牌店铺可以标榜自己的品牌）。

店招设计要点二：实物照片（直观、形象地告诉客户自己店铺是卖什么的）。

店招设计要点三：产品特点（直接阐述自己店铺的产品特点，第一时间打动客户、吸引客户）。

店招设计要点四：店铺（产品）优势和差异化（告诉店铺和产品的优势以及与其他店铺的不同之处，形成差异化竞争）。

本章重点

- 店招设计与制作
- 首屏全屏广告设计与制作

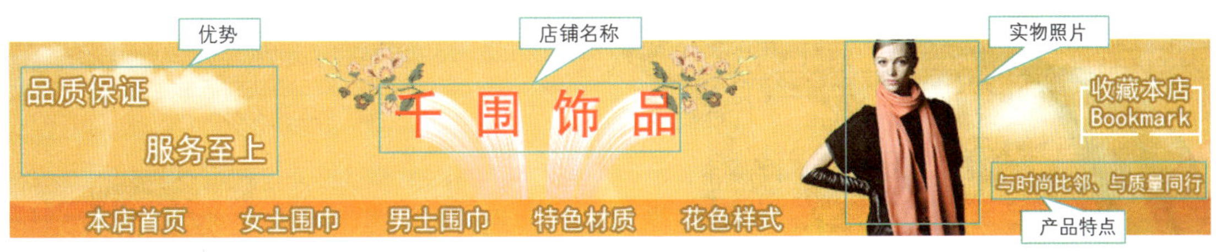

图3-2　标准店招

3.1.2　商品参与店招设计与制作

在设计与制作店招时可以将比较有代表性的商品放置到店招中，以此起到用商品直观引导买家的作用。在制作店招时，淘宝中标准的店招宽度为950像素、高度为120像素，如果要制作成全屏通栏店招，宽度是1920像素、高度是120像素，如图3-3所示。

图3-3　全屏通栏店招

1. 全屏通栏店招的设计与制作

在进行店招设计与制作时，应该制作一个全屏通栏店招，标准店招可以在此基础上进行裁剪得到。本小节就以手表店铺作为讲解对象为大家制作一个店招，如图3-4所示。

图3-4　手表店铺店招

这里以手表店铺为例来制作店招。在色彩上采用冷色调方案中的蓝色和蓝黑色进行制作，在制作时遵循店招的设计原则，其中包含店铺名字、商品实物、店铺特点和产品特点。具体的制作步骤如下。

操作步骤

01 首先为制作的店招收集素材，背景部分按照冷色调找到一个星空的素材，如图3-5所示。

图3-5　素材

02 打开Photoshop软件，新建一个“全屏通栏店招”，设置“宽度”和“高度”，如图3-6所示。

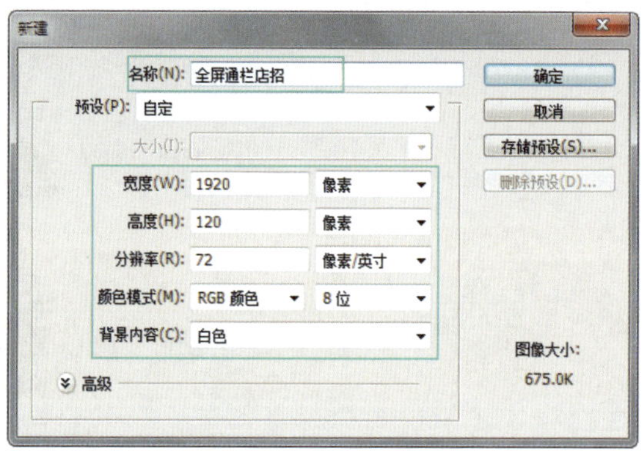

图3-6　新建文档

03 设置完毕后单击“确定”按钮，系统会新建一个空白文档，将前景色设置为“青蓝色”、背景色设置为“黑色”，使用（渐变工具）从上向下拖曳鼠标填充从前景色到背景色的线性渐变，如图3-7所示。

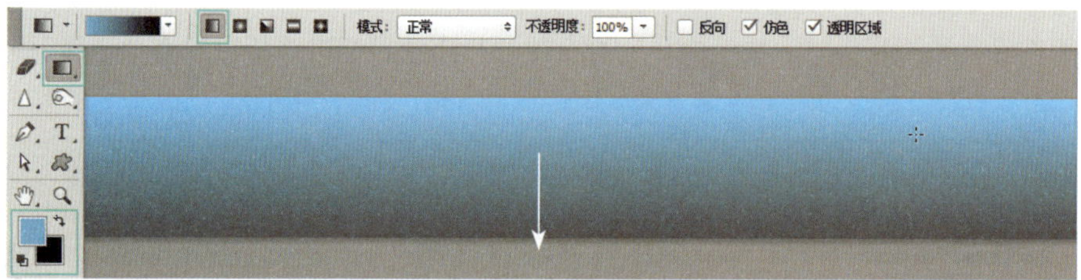

图3-7　填充渐变色

04 将“星空”素材图像拖曳到当前文档中，调整其大小和位置后，再设置“混合模式”为“明度”、“不透明度”为45%，效果如图3-8所示。

图3-8　调整并设置图片

05 将手表素材拖曳到当前文档中，之后复制图层并调整位置和不透明度，使图像看起来更有层次感，如图3-9所示。

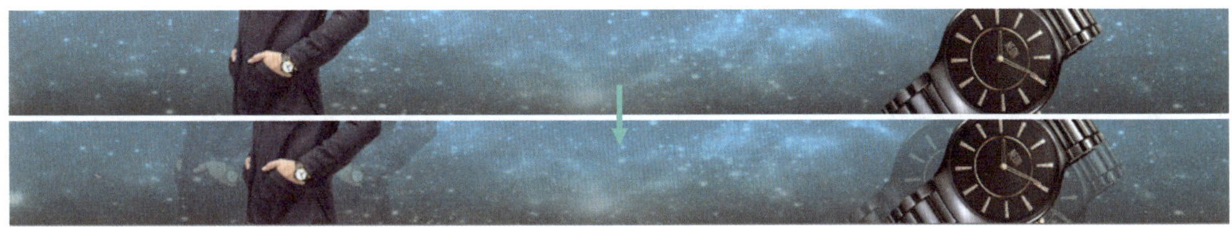

图3-9　移入素材并调整不透明度

06 选择戴手表的人物所在的图层，复制一个副本，将图像调得大一点儿，在手表处绘制一个正圆选区，再为当前图层添加一个图层蒙版，效果如图3-10所示。

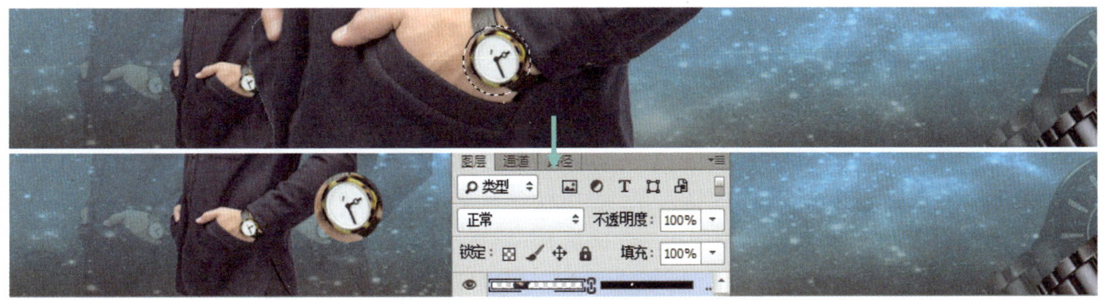

图3-10　添加图层蒙版

07 下面为蒙版所在的图层添加一个描边和外发光，使手表的凸显程度更高一些，执行菜单栏中的“图层”→“图层样式”命令，选择“描边”和“外发光”选项，分别打开“描边”和“外发光”面板，其中的参数设置如图3-11所示。

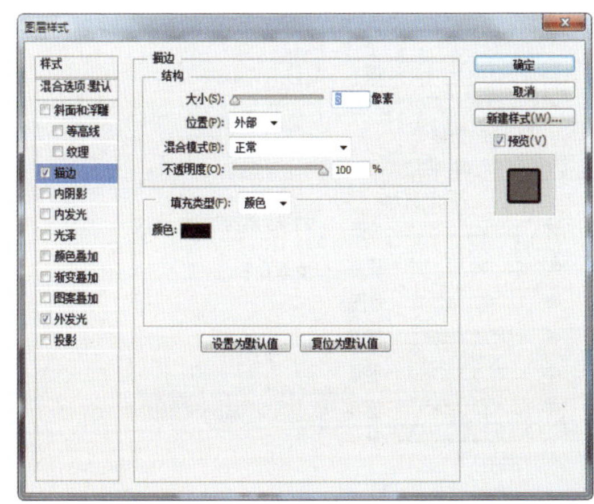

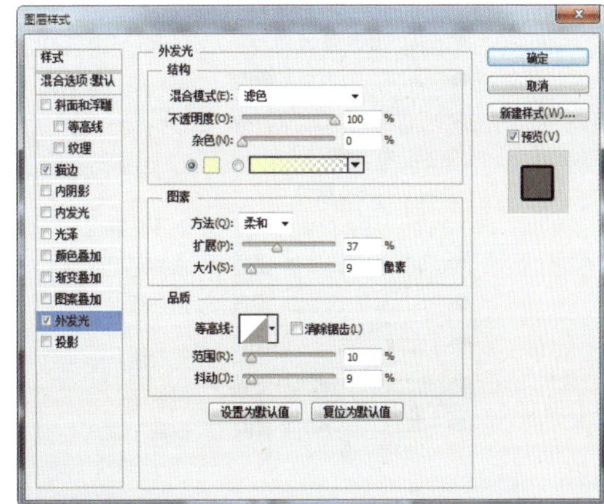

图3-11　设置图层样式

08 设置完毕后单击“确定”按钮，效果如图3-12所示。

图3-12　添加图层样式后

09 将前景色设置为“青色”，新建一个图层，再使用 （直线工具）在两个表之间绘制两条连接线，如图3-13所示。

图3-13 绘制连接线

10 下面制作店铺名称区域。在页面中合适的位置输入文字，这里将文字设置为大小和不同字体的对比，效果如图3-14所示。

图3-14 输入文字

11 首先为“乐乐屋”文本图层添加“描边”“外发光”和“渐变叠加”效果。选择添加“描边”和“外发光”的手表图层，单击鼠标右键，在弹出的快捷菜单中选择“拷贝图层样式”命令，再在“乐乐屋”图层上单击鼠标右键，在弹出的快捷菜单中选择“粘贴图层样式”命令，如图3-15所示。

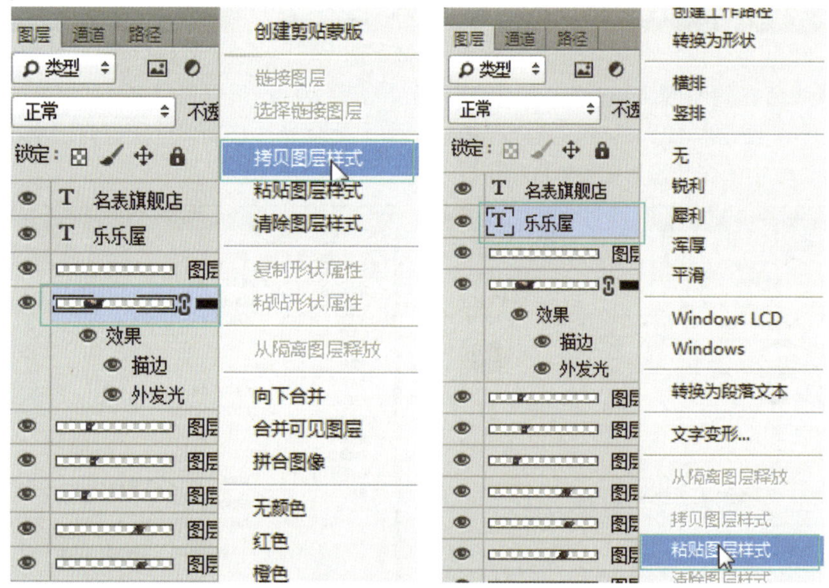

图3-15 设置图层样式

12 粘贴图层样式后，效果如图3-16所示。

图3-16 图层样式效果

13 再执行菜单栏中的“图层”→“图层样式”命令，选择“渐变叠加”选项，打开相应面板，其中的参数设置如图3-17所示。

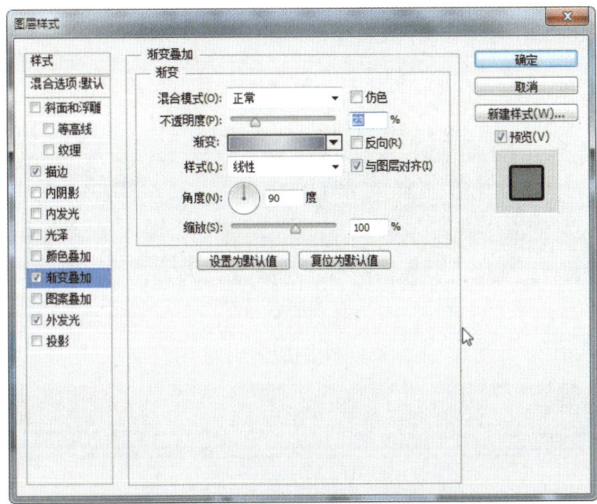

图3-17　设置图层样式的渐变叠加

14 设置完毕后单击“确定”按钮。使用同样的方法将“名表旗舰店”图层设置图层样式，不同的是一定要把描边宽度和外发光设置得小一点儿，如图3-18所示。

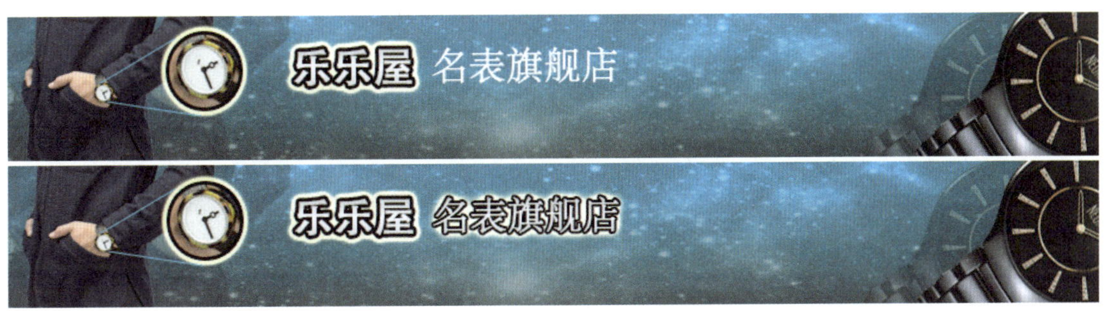

图3-18　添加图层样式

15 再输入其他文字并应用图层样式，文字制作完毕后，在右侧文字边缘绘制白色线条，如图3-19所示。

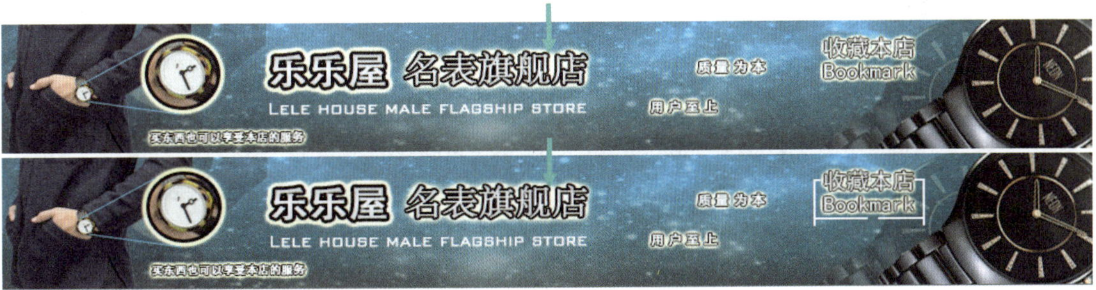

图3-19　输入文字添加图层样式

16 将“飘带”素材图像拖曳到当前文档中，设置混合模式分别为“颜色加深”和“变暗”，如图3-20所示。

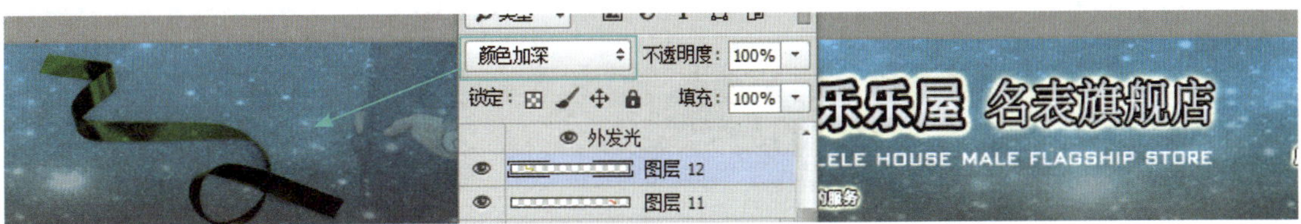

图3-20　设置混合模式

图3-20 设置混合模式（续）

17 至此，本例全屏通栏店招制作完毕，效果如图3-21所示。

图3-21 全屏通栏店招

2. 标准店招的设计与制作

全屏通栏店招制作完毕，下面在此基础上制作带导航的标准店招。标准店招大小为950像素×120像素，具体制作过程如下。

操作步骤

01 打开“带导航的全屏店招背景”，选择▭（矩形选框工具），在属性栏中设置“样式”为“固定大小”，“宽度”为950像素，“高度”为120像素，如图3-22所示。

图3-22 设置选区属性

02 新建一个图层并命名为“黑色”，使用▭（矩形选框工具）在文档中单击，绘制一个950像素×120像素的矩形选区，将其填充为黑色，如图3-23所示。

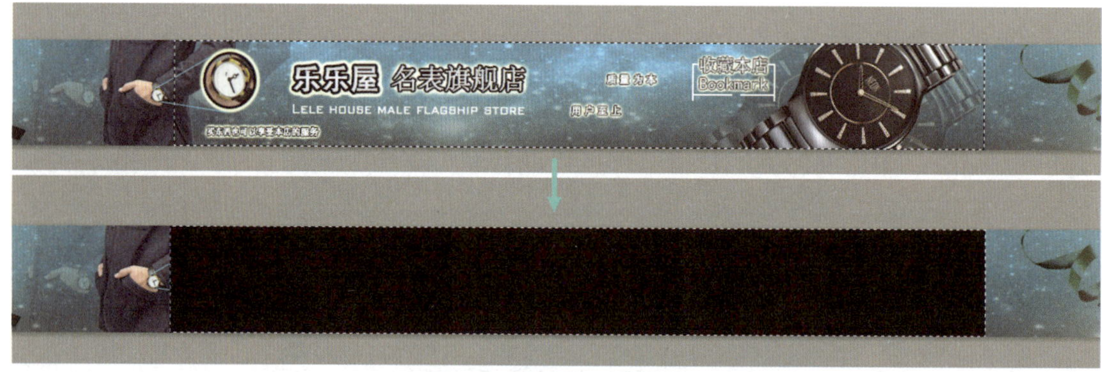

图3-23 绘制矩形并填充

03 按Ctrl+D组合键去掉选区，将黑色矩形图层与背景图层一同选取，执行菜单栏中的“图层”→“对齐”→“水平居中对齐”命令，效果如图3-24所示。

图3-24 水平居中对齐

04 按住Ctrl键单击“黑色”缩览图，调出矩形的选区，将“黑色”隐藏，效果如图3-25所示。

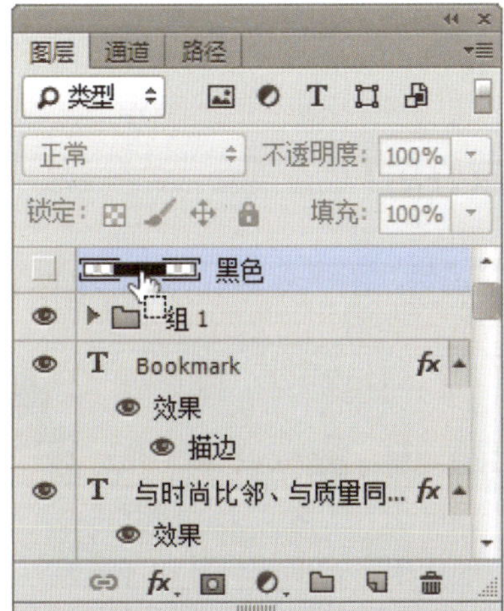

图3-25　调出选区隐藏图层

05 执行菜单栏中的“图像”→“剪裁”命令，此时标准店招制作完毕，效果如图3-26所示。

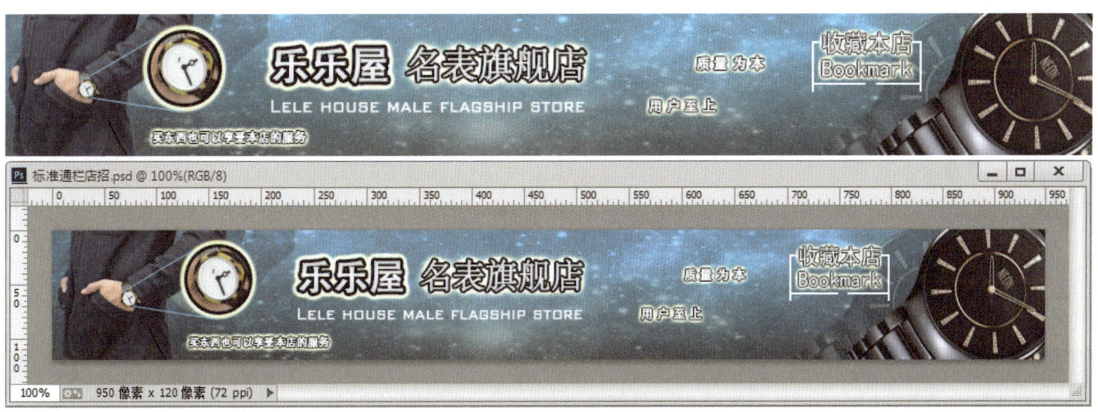

图3-26　标准店招

3.1.3　与导航一同进行设计与制作

在设计淘宝店招时，对宽度与高度是有限制的，并不是随意调整尺寸就可以。淘宝中店招规定高度是120像素，导航区域的高度是30像素，整个页头区的高度是150像素，如图3-27所示。

图3-27　店铺页头中店招和导航

如果要制作成全屏通栏带导航的店招，宽度就得是1920像素、高度是150像素。本小节就以图书店铺作为讲解对象为大家制作一个连同导航一起设计、制作的店招，如图3-28所示。

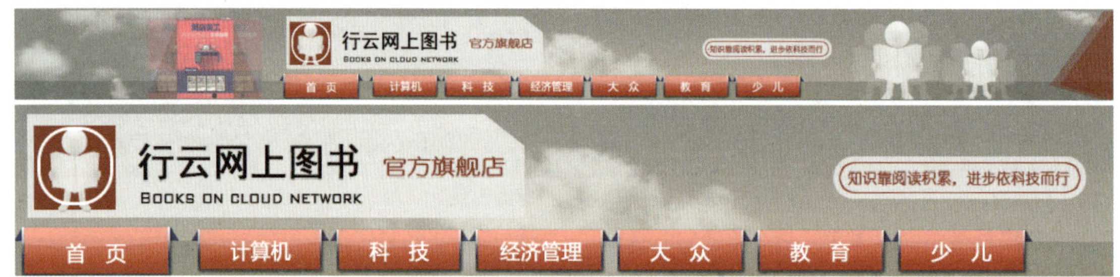

图3-28　全屏通栏带导航的店招

这里以图书销售网店为例来制作一个带导航的店招。在色彩中采用万能的灰色作为背景色，以红色、黑色和白色作为辅助色，目的是给大家制造一种非常冷静的场所又带点激情，具体的制作步骤如下。

操作步骤

01 打开Photoshop软件，新建一个“宽度”为1920像素、“高度”为150像素的空白文档，将其填充为“灰色”，绘制一个羽化值尽量大一点儿的椭圆选区，之后调整亮度，如图3-29所示。

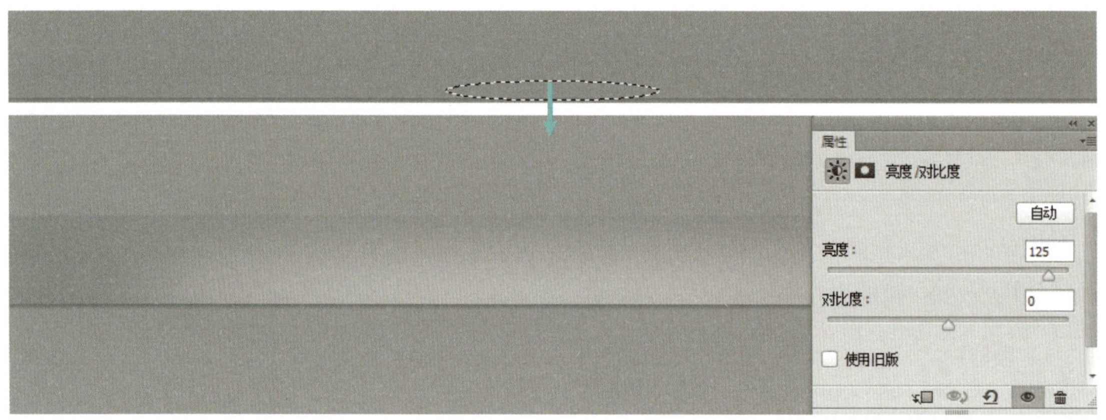

图3-29　素材

02 打开本书相关资源中的“星空02”素材，将其拖曳到店招文档中，设置“混合模式”为“排除”、“不透明度”为37%，如图3-30所示。

图3-30　新建并设置文档

03 绘制一个黑色矩形并调整不透明度，使其变得透明一些，目的是让其与背景更加融合，如图3-31所示。

图3-31　绘制矩形并调整不透明度

04 新建一个图层，使用（画笔工具）在页面中绘制一些云彩，如图3-32所示。

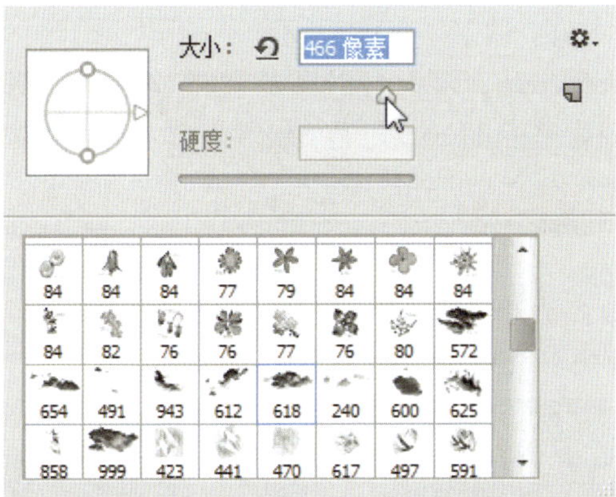

图3-32　绘制云彩

05 此时背景制作完毕，下面制作导航按钮。新建图层，使用（矩形选框工具）绘制一个矩形，再使用（渐变工具）从上向下拖动鼠标填充“从红色到淡红色”的线性渐变色，如图3-33所示。

图3-33　绘制矩形并填充渐变色

06 按Ctrl+D组合键去掉选区，执行菜单栏中的“图层”→“图层样式”命令，选择“投影”选项，打开“投影”面板，其中的参数设置如图3-34所示。

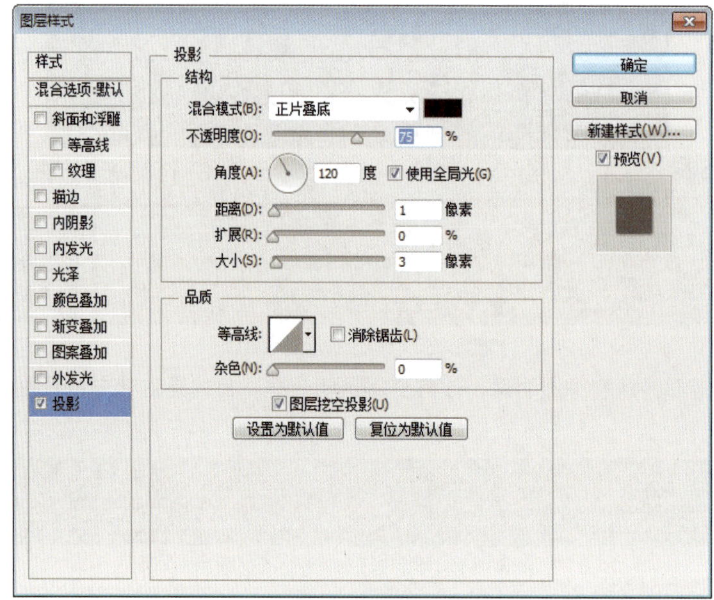

图3-34 设置图层样式的“投影”

07 设置完毕后单击“确定”按钮，效果如图3-35所示。

图3-35 添加投影效果

08 新建一个图层，使用（多边形套索工具）绘制一个三角形的选区，将选区填充为“深蓝色”，去掉选区制作右侧的倒三角，效果如图3-36所示。

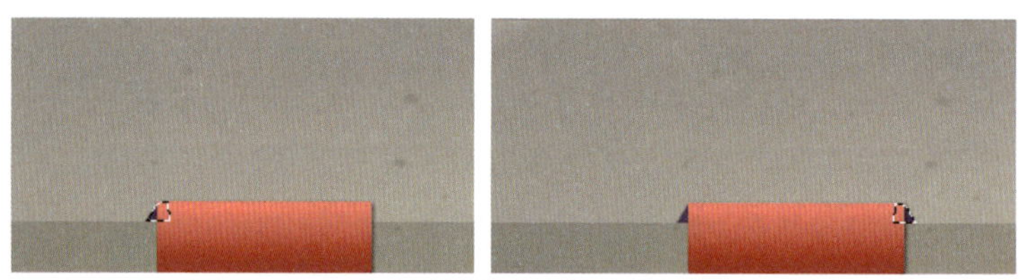

图3-36 绘制选区并填充颜色

09 新建一个图层，按住Ctrl键单击红色渐变矩形所在图层的缩览图，调出选区，如图3-37所示。

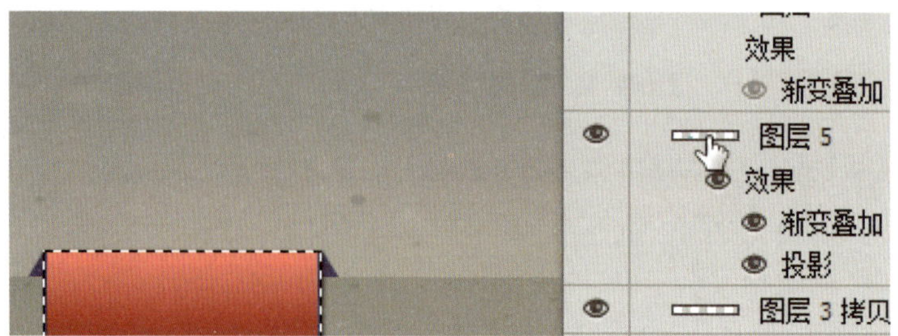

图3-37 调出选区

10 执行菜单栏中的“编辑”→“描边”命令，打开“描边”对话框，其中的参数设置如图3-38所示。

11 设置完毕后单击“确定”按钮，效果如图3-39所示。

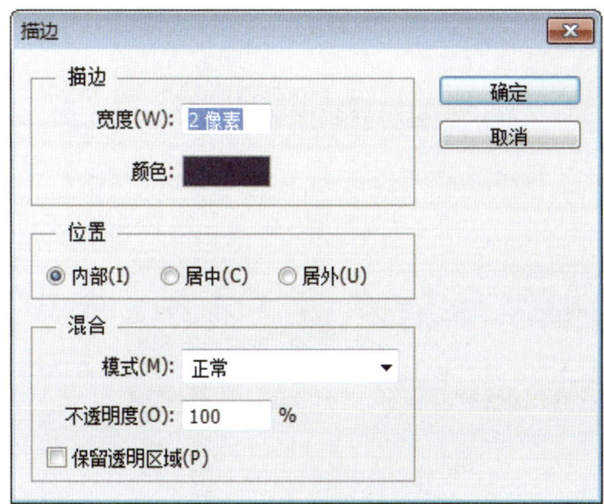

图3-38 “描边”对话框

图3-39 描边后的效果

12 执行菜单栏中的“选择”→“修改”→“收缩”命令，打开“收缩选区”对话框，设置“收缩量”为2像素，如图3-40所示。

13 设置完毕后单击“确定”按钮，按Delete键删除选区内容，效果如图3-41所示。

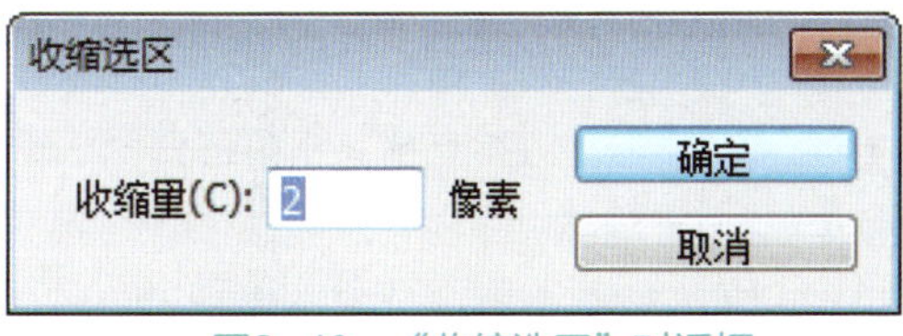

图3-40 “收缩选区”对话框

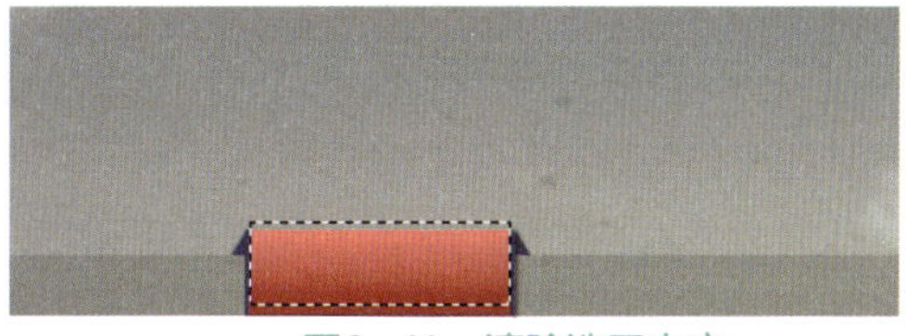

图3-41 清除选区内容

14 按Ctrl+D组合键去掉选区，执行菜单栏中的“图层”→“图层样式”命令，选择“渐变叠加”选项，打开“渐变叠加”面板，其中的参数设置如图3-42所示。

15 设置完毕后单击“确定”按钮，效果如图3-43所示。

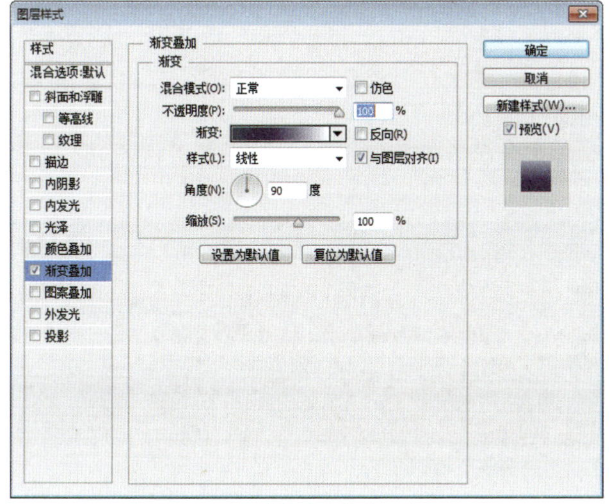

图3-42 “渐变叠加”面板

图3-43 添加渐变叠加效果

16 使用T（横排文字工具）输入文字，新建一个图层，使用○（椭圆工具）绘制一个白色椭圆，效果如图3-44所示。

图3-44 输入文本并绘制椭圆

17 按住Ctrl键单击红色渐变矩形所在图层的缩览图，调出选区，按Ctrl+Shift+I组合键将选区反选，按Delete键删除选区内容，效果如图3-45所示。

图3-45 清除选区

18 按Ctrl+D组合键去掉选区，设置“不透明度”为27%，再制作其他按钮，效果如图3-46所示。

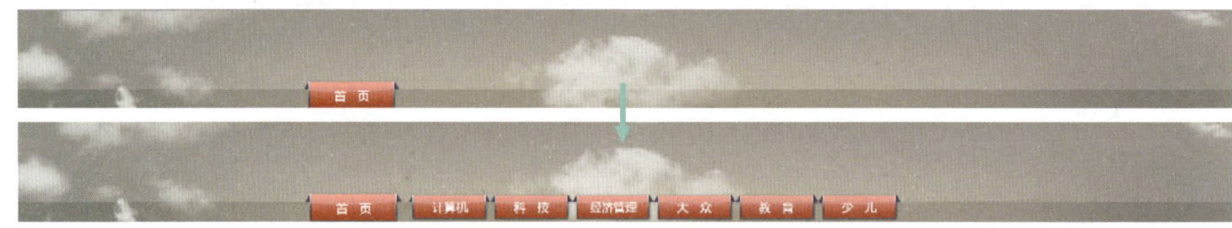

图3-46 设置不透明度并制作其他按钮

19 在店招中的主页按钮上绘制形状填充浅灰色，收缩圆角矩形选区进行红色描边，绘制红色矩形导入“读书小人”素材，然后再输入适当的文本，效果如图3-47所示。

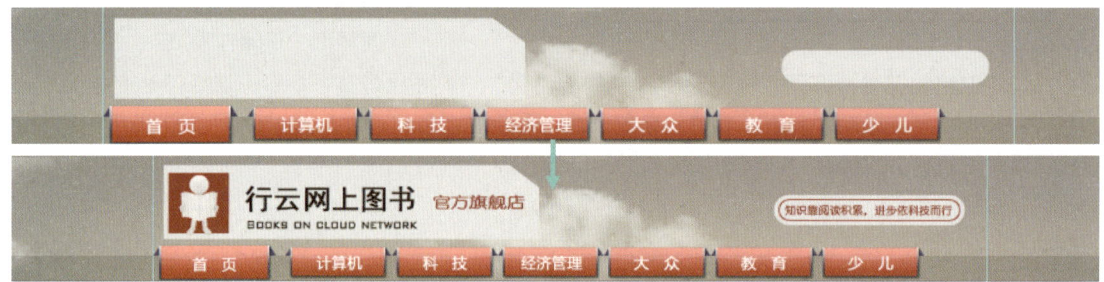

图3-47 制作店招中的文本区

20 在“读书小人”上绘制一个白色圆角矩形框，再在左右两侧分别导入“书”和“读书小人”素材，调整不透明度，效果如图3-48所示。

图3-48 移入素材并调整不透明度

21 此时的店招看起来有一点儿左边发沉的感觉，为了平衡在最右侧绘制红色图形，调整不透明度。至此本例制作完毕，效果如图3-49所示。将其裁剪另存为一个950像素×150像素的标准带导航店招，如图3-50所示。

图3-49　全屏通栏带导航店招

图3-50　标准带导航店招

3.2　首屏全屏广告设计与制作

网店中的首屏内容在流量吸引方面占整个首页的很大比例，在视觉中通过设计的广告图像把买家留住并继续浏览本网店，最终达到购买商品的目的。一个首屏广告设计的好坏可以直接影响到后续的交易，不同风格的设计可以吸引到不同需求的买家，图3-51所示的图像为网店中的首屏广告。

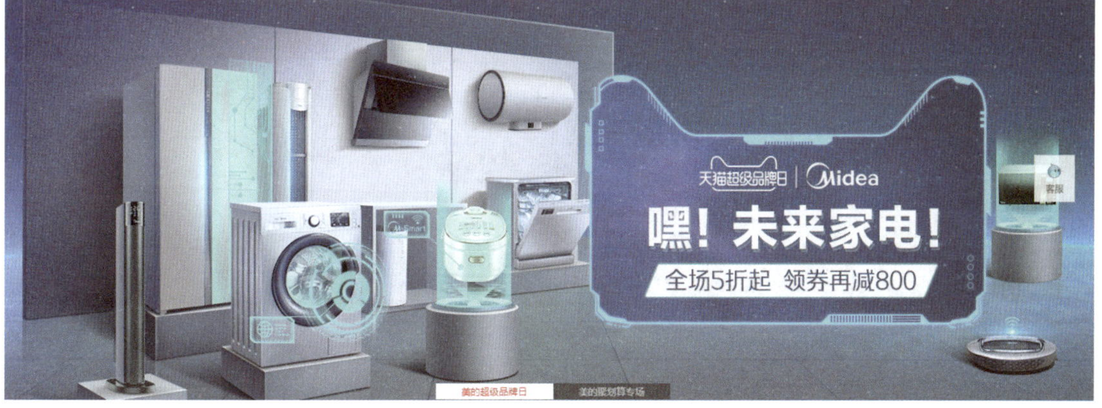

图3-51　首屏全屏广告

3.2.1　首屏全屏广告及轮播图的作用

首屏全屏广告及轮播图在网店中的作用主要有以下两点。

（1）美化整体店铺页面。一张漂亮的首屏海报能让自己的店铺显得更加专业、更加正规，从而增加买家在本网店中的购买信心。一幅既专业又漂亮大气的海报，绝对能够在视觉上和思想上激起买家的购买欲。

（2）宝贝推广。进入你店铺的客人很大一部分是单独进入宝贝页面的，从宝贝页面去首页的客人大概会有10%～30%，所以首页有一张大气漂亮的海报会吸引客人去看看你首推的宝贝，不但首页需要海报，宝贝描述页面也需要放一张你要主推的宝贝海报，这样才会起到更好的推广作用。

3.2.2 渐变背景广告设计与制作

渐变背景广告，顾名思义，就是以两种或者两种以上的颜色，通过渐变的方式进行背景制作，再将商品以及文本进行相应的布局构图的广告形式。该广告背景非常具有层次感和立体感，如图3-52所示。该广告的配色以黑色为主色，黄色为辅色，图像中的黄色是与鞋子上的黄色相搭配的，此时如果应用一个与鞋子上的黄色不相称的辅色，就会使整个图像看起来非常不协调，比如使用红色，这时看起来会感觉该颜色与广告商品之间搭配不协调，如图3-53所示。通过对比不难发现，配色有时需要与商品相对应。

图3-52　渐变背景广告

图3-53　不协调的配色

本小节就为大家讲解此案例的制作步骤。具体的制作过程如下。

操作步骤

01 打开Photoshop软件，新建一个“宽度”为1920像素、“高度”为600像素的空白文档，将其填充为“黑色”，新建一个图层并填充为“黄色”，为其添加图层蒙版，并使用 （渐变工具）填充“从白色到黑色”的径向渐变，如图3-54所示。

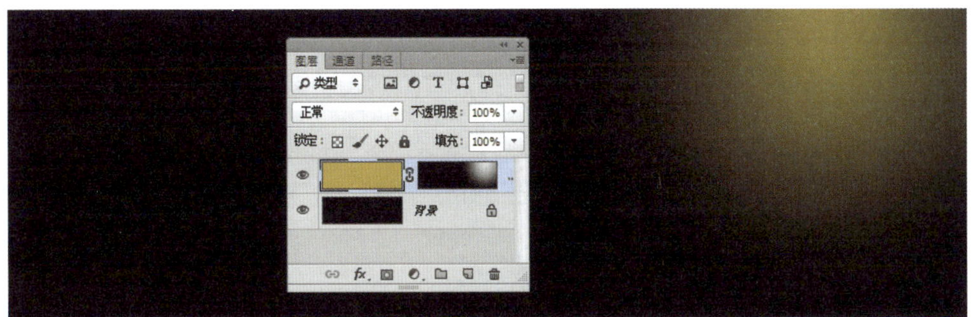

图3-54　背景色制作

02 打开一张“墙纹理”素材，将其拖曳到“广告”文档中，为素材图层添加图层蒙版，并使用黑色画笔进行编辑，再设置“不透明度”为25%，如图3-55所示。

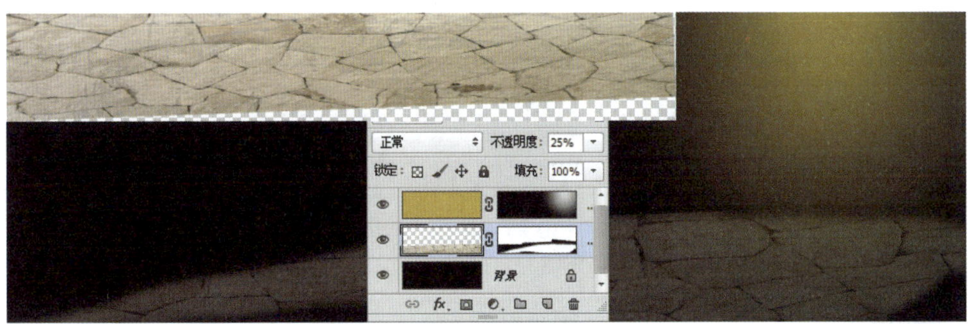

图3-55　背景制作

03 将“鞋子”素材拖曳到当前文档中，使用（加深工具）将鞋子边缘处的白色加深，再为鞋子添加阴影，如图3-56所示。

图3-56　编辑鞋子边缘并添加投影

04 复制鞋子图层，执行菜单栏中的“编辑”→“变换”→“垂直翻转”命令，将副本图像进行垂直翻转，为其添加图层蒙版后使用（渐变工具）编辑倒影的渐变蒙版，如图3-57所示。

图3-57　倒影制作

05 在图像中可以看到光源在右侧，所以下面为鞋子制作左侧部分较暗的效果。调出鞋子的选区，新建图层并填充“黑色”，再为其添加图层蒙版，使用（渐变工具）编辑图层蒙版，如图3-58所示。

图3-58　制作暗部

06 新建图层，使用（画笔工具）绘制画笔纹理，先绘制白色画笔笔触，再绘制黄色画笔笔触，设置“混合模式”为“颜色加深”，如图3-59所示。

图3-59　添加画笔笔触

07 此时发现画笔笔触可以当作一个发光体，下面再为鞋子跟部添加一个黄色光照效果。调出鞋子的选区，新建图层并填充黄色，添加图层蒙版后使用 （渐变工具）编辑图层蒙版，如图3-60所示。

图3-60　光照在鞋子上

08 新建图层，使用 （画笔工具）在鞋尖部绘制黑色画笔纹理，如图3-61所示。

图3-61　绘制画笔纹理

09 打开小猫和人物素材，将其拖曳到当前文档中，与制作鞋子暗部一样的方法制作人物的暗部，如图3-62所示。

图3-62　移入素材

10 广告中的图像部分制作完毕后，再为其添加文本。文本使用了大小对比和字体对比，对齐应用左侧对齐，此时本例制作完毕，效果如图3-63所示。

图3-63 渐变背景广告1

11 在此基础上可以为其添加一个背景素材，黄色辅色保持不变，可以得到如图3-64所示的效果。

图3-64 渐变背景广告2

12 将导入的背景素材透明度降低，使其变得暗一些，会得到如图3-65所示的效果。大家可以根据此类方法为自己店铺中的首屏广告添加不同类型的渐变背景，渐变背景也可以直接使用（渐变工具）进行填充。

图3-65 渐变背景广告3

3.2.3 大面积配色背景广告设计与制作

大面积配色背景广告给人的感觉是干净利落，简洁中不失大气。本次制作的广告以土黄和白色作为整体背景，其中白色部分主要是为了协调抠图时发丝区域的颜色，如图3-66所示。如果不顾模特发丝颜色，应用其他颜色，模特区域抠图就会显得特别粗糙，如图3-67所示。通过对比不难发现，配色有时需要与商品相对应。

图3-66　配合模特抠图的颜色

图3-67　抠图显得不完美的配色

本小节就为大家讲解此案例的制作步骤。具体的制作过程如下。

操作步骤

01 打开Photoshop软件，新建一个“宽度”为1920像素、“高度”为600像素的空白文档，将其填充为与肌肤颜色相配的颜色，打开“模特01”素材，并将其拖曳到当前文档中，如图3-68所示。

图3-68　填充颜色并移入素材

02 此时会发现模特发丝区域抠图不是很理想，最好的方法就是在发丝区域填充一个与其颜色相近的颜色，只要新建图层，使用选区工具绘制选区形状并将其填充为白色，再设置“不透明度”为75%即可，为了使背景更加富有动感，新建图层绘制两个白色形状，并调整不透明度，如图3-69所示。此时发现发丝与背景已经融合。

图3-69　背景制作

03 背景与人物部分制作完毕后，广告中的文案部分需要进行版式的布局，这里使用了文字大小对比、颜色对比、字体对比，将其放置到人物的左侧区域，再在文中添加一些形状使文字被衬托得更加完美一些，如图3-70所示。

图3-70　文本制作

04 为了使人物区域与背景看起来更加有层次感，这里复制一个人物，将其拖曳到文字的下层，调整一下不透明度，使其看起来可以作为文字的图案背景，如图3-71所示。

图3-71　复制人物

05 此时的广告效果已经初步成型，下面再将人物区域制作得更加富有层次感，需要在人物的后面仿制一些文字，如图3-72所示。

图3-72　输入文字

06 下面再将文本添加一个矩形框，使文本看起来有分组布局的效果，至此本例制作完毕，如图3-73所示。

图3-73　最终效果

07 在此基础上可以更改一下大面积的背景色，使广告又具有一个新的配色效果，如图3-74所示；也可以改变一下整体布局，将整个图像分为左右布局的形式，如图3-75所示。

图3-74　不同配色

图3-75　不同布局背景

3.2.4　图像背景广告设计与制作

在制作全屏通栏广告时，如果将一整张的图片作为背景，有时会出现非常有针对性的广告效果，在图像中直接凸显某个局部图像，再加上使用单色进行修饰，可以表现出非常大气并完整的广告效果，这种类型的广告绝对比两个以上图片进行合成要好得多，如图3-76所示。如果该图像中的配色不与短裤中的红色相一致，配色效果就会显得有些怪异，如图3-77所示。通过对比不难发现，配色有时需要与图像中的局部颜色相对应。

图3-76　一张图像作为背景的广告

图3-77　不与图像中色彩相一致的效果

本小节就为大家讲解此案例的制作步骤。具体的制作过程如下。

操作步骤

01 打开Photoshop软件，新建一个“宽度”为1920像素、“高度”为600像素的空白文档，打开“冲浪”素材，将其拖曳到当前文档中，创建一个“黑白”调整图层，调整参数后，如图3-78所示。

图3-78　移入素材并创建“黑白”调整图层

02 使用（快速选择工具）将图像中的人物短裤创建一个选区，选择“黑白”调整图层的蒙版，将其填充为“黑色”，效果如图3-79所示。

图3-79 编辑短裤

03 按Ctrl+D组合键去掉选区，新建一个图层，在图像上使用（多边形套索工具）绘制一个封闭选区，将其填充为“白色”，设置“不透明度”为90%，效果如图3-80所示。

图3-80 填充颜色并设置不透明度

04 按Ctrl+D组合键去掉选区，新建一个图层，吸取短裤上的红色，在图像左侧下部使用（多边形套索工具）绘制一个封闭选区，将其填充为吸取的红色，设置“不透明度”为68%，效果如图3-81所示。

图3-81 填充为红色并设置不透明度

05 按Ctrl+D组合键去掉选区，新建一个图层，在图像右侧使用（多边形套索工具）绘制一个封闭矩形选区，将其填充为“黑色”，设置“不透明度”为30%，效果如图3-82所示。

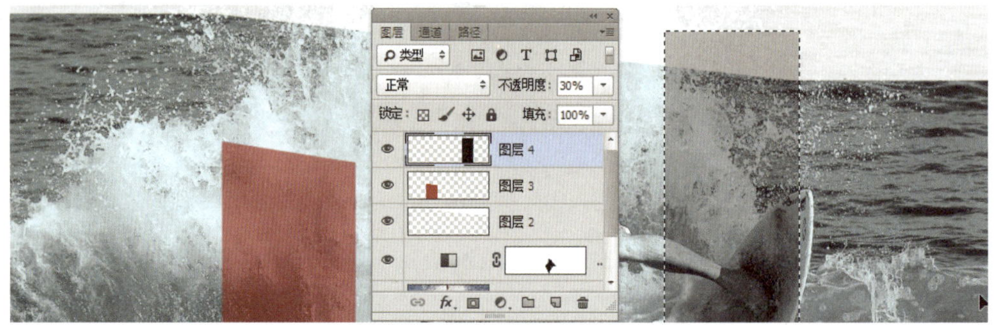

图3-82 填充为黑色并设置不透明度

06 按Ctrl+D组合键去掉选区，新建一个图层，在黑色矩形上使用 （多边形套索工具）绘制一个封闭选区，将其填充为红色的近似色——橘色，效果如图3-83所示。

图3-83　填充为橘色

07 按Ctrl+D组合键去掉选区，先制作左侧红色形状上的文字和图标，首先输入文字，再将Logo素材拖曳到文档中，效果如图3-84所示。

图3-84　输入文字并移入Logo

08 再制作右侧黑色和橘色形状上的文本、白色矩形以及橘色正圆。至此，本例制作完毕，效果如图3-85所示。

09 按照本例的配色方案，还可以改变一下新的广告布局效果，如图3-86所示。

图3-85　完成效果

图3-86　不同布局效果

第4章 商品广告图像设计与制作

本章重点

- 950像素广告设计与制作
- 750像素广告设计与制作
- 190像素广告设计与制作
- 陈列区广告设计与制作

除去首屏中的广告视觉效果，在网店中还可以为宽度分别为950像素、750像素、190像素的广告以及陈列区广告进行设计与制作，以此来增加整个网店视觉效果。

> **提示** 由于篇幅有限，本章中的案例只做简单的讲解，详细的操作大家可以参考附带的视频教程。

4.1 950像素广告设计与制作

网店中除了全屏通栏广告可以在首屏中进行展示与增加广告效果外，标准的通栏广告有时也会出现在首屏中，并且根据设计的不同也可以收获不少的视觉流量。标准通栏广告也就是淘宝网店中常说的宽度为950像素的广告，如图4-1所示。本节就以其中常用的商品整体参与设计与制作、商品局部参与设计与制作、多视点参与广告设计与制作和超出背景区域设计与制作为案例进行讲解。

图4-1 950像素的通栏广告

4.1.1 商品整体参与设计与制作

整体参与设计的图像，可以让浏览者看到商品的整体，在视觉中不会出现丢失部分图像的问题，这种设计方法常被用到传统的设计中。在图像中可以看到需要展示的整个商品，不需要进行更多的文案解释。本例中以简洁的风格制作了如图4-2所示的950像素广告效果。在设计时，单一的配色结合简洁的文案制作出此风格的广告。

图4-2 商品整体参与设计与制作

本例以家居作为设计内容，布艺沙发配以简单的吊灯、铁艺装饰以及简洁的分组布局文案让整个背景形成一种宁静舒适的感觉，再加上右边的小熊布偶，使宁静的环境出现了一点活泼氛围。下面就来讲解具体的制作步骤。

操作步骤

01 打开Photoshop软件，新建一个“宽度”为950像素、“高度”为500像素的空白文档，设置前景色和背景色后，使用 （渐变工具）填充渐变色，如图4-3所示。

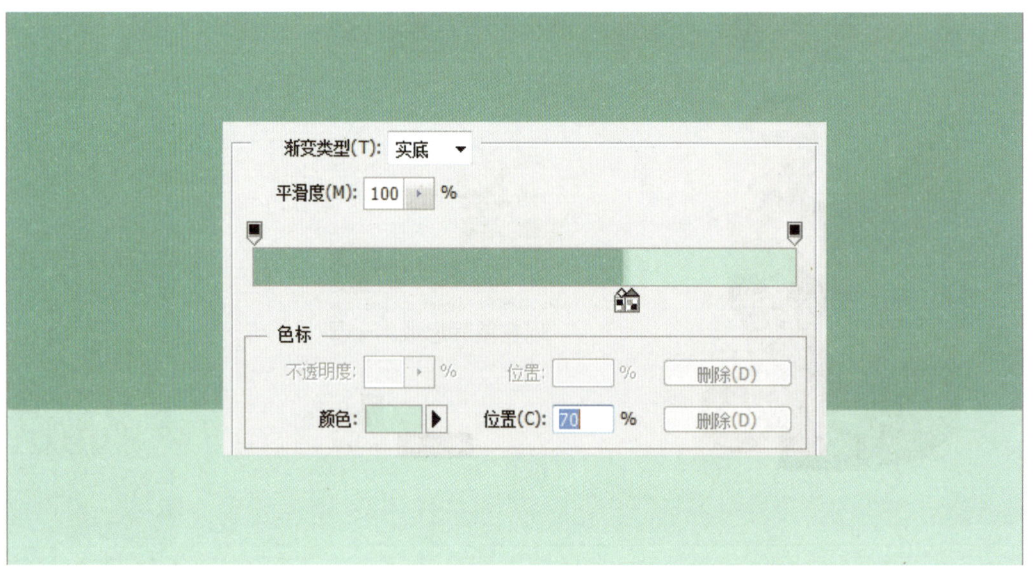

图4-3 背景色制作

02 新建图层，绘制矩形选区，按Shift+F5组合键打开“填充”对话框，为其填充“图案”，设置“不透明度”为11%，效果如图4-4所示。

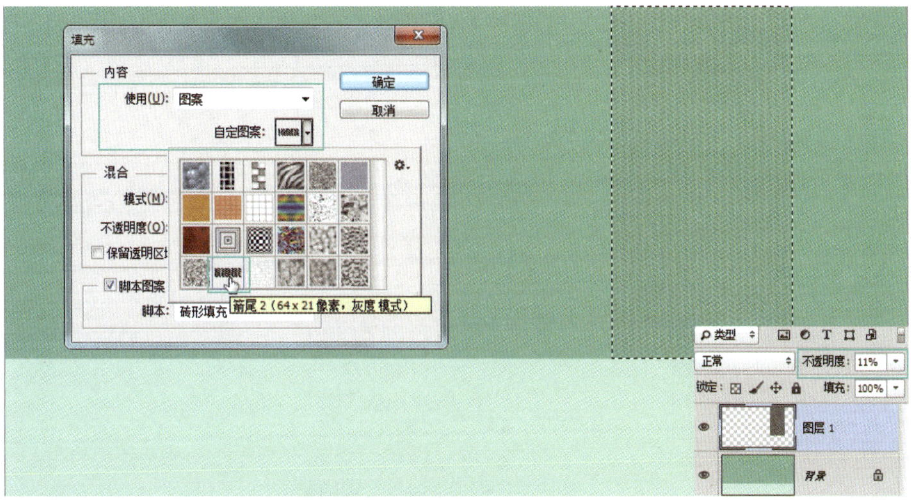

图4-4　填充并设置不透明度

03 复制填充图案的图层，按Ctrl+T组合键调出变换框，按住Ctrl键拖动控制点调整形状，效果如图4-5所示。

图4-5　复制并变换

04 使用（自定义形状工具）绘制花纹，为其添加“斜面和浮雕”图层样式，效果如图4-6所示。

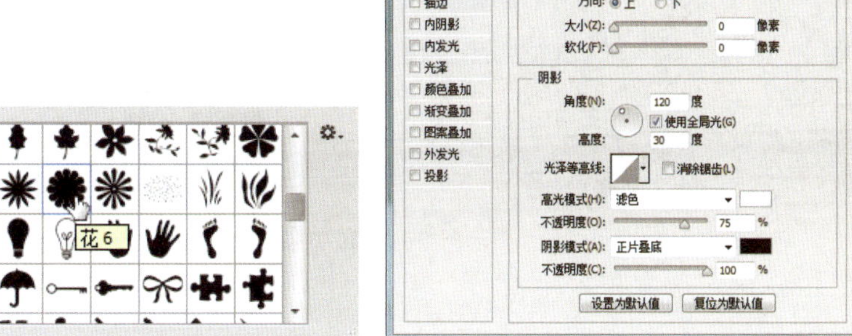

图4-6　绘制花纹并添加“斜面和浮雕”图层样式

05 复制多个花纹图层，将其转换为图层组，这样可更好地进行管理，效果如图4-7所示。

图4-7　绘制多个花纹图层并转换为图层组

06 背景制作完毕后，移入沙发素材，此时发现沙发的倒影和阴影与背景不是很搭配。为沙发所在的图层添加图层蒙版并复制图层，使用（渐变工具）分别在蒙版中填充黑白渐变以编辑蒙版，选择下面的沙发所在的图层，设置“混合模式”为“正片叠底”，设置“不透明度”为53%，效果如图4-8所示。

图4-8　移入素材编辑蒙版

07 移入“吊灯”素材，为其添加“投影”图层样式，如图4-9所示。

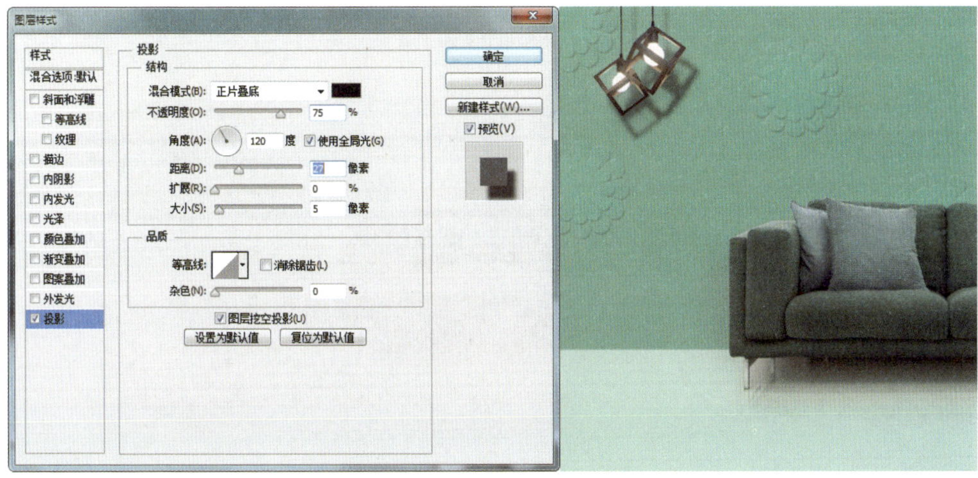

图4-9　移入素材并添加投影

08 执行菜单栏中的“图层”→“图层样式”→“创建图层”命令，将投影单独变为一个图层，此时“混合模式”和“填充”会自动变为“投影”面板中的参数，再为投影图层添加图层蒙版，使用 （渐变工具）编辑蒙版，效果如图4-10所示。

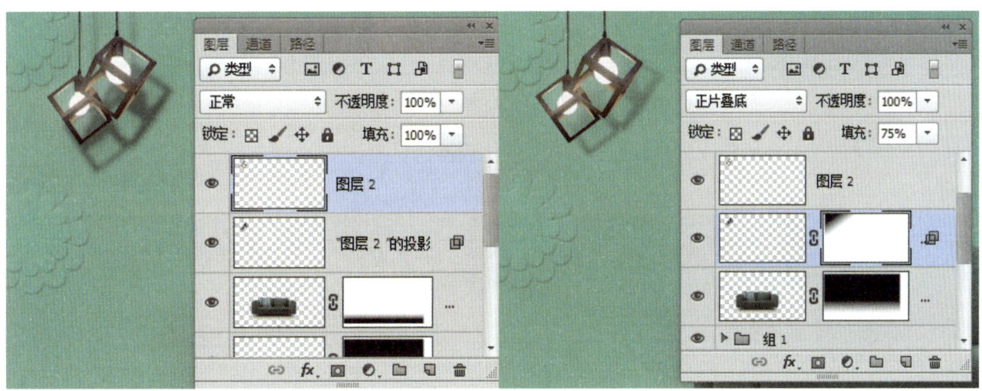

图4-10　编辑蒙版

09 移入“铁艺”素材复制一个副本，将副本进行垂直翻转并为其添加图层蒙版，使用 （渐变工具）编辑蒙版制作倒影效果，如图4-11所示。

图4-11　编辑倒影

10 移入“小熊布偶”素材，新建图层，在图像的右侧绘制花纹边缘，如图4-12所示。

图4-12 移入素材并绘制图形

11 分别在每个花纹边缘图形中输入文本并绘制直线和正圆，再在下方输入文字和绘制矩形，如图4-13所示。

图4-13 输入文字

12 在沙发所在的图层上方新建一个图层，并填充黑色，为图层添加图层蒙版后，再使用（渐变工具）编辑蒙版，如图4-14所示。

图4-14 编辑蒙版

13 至此，本例制作完毕，效果如图4-15所示。

图4-15　商品整体参与设计与制作最终效果

4.1.2　商品局部参与设计与制作

广告中局部图像出现在整体作品中，与完整图像相对立。视觉上的不完整性，会使买家看到后在大脑中自动填补其完整形态，让买家为了联想商品完整性而停留更长的时间，这种设计不但为店铺带来了新的视觉感受，还为买家预留了想象空间。本例中以切断式商品主体风格（在设计时将展示的商品截断，广告只显示局部图像）制作了图4-16所示的950像素广告效果。

图4-16　商品局部参与设计与制作

本例以五谷杂粮作为设计对象，主要内容是放在盘子里的粮食，但显示出来的却是被切断的一个部分，在看到此商品时浏览者会在脑海中构思没有出现的隐藏部分，再加上书法字体让大家看到广告中的文案。下面就来讲解具体的制作步骤。

操作步骤

01 打开Photoshop软件，新建一个“宽度”为950像素、“高度”为500像素的空白文档，移入“粮食”素材，将其作为背景。新建图层，绘制白色矩形，调整不透明度，效果如图4-17所示。

图4-17　背景制作

02 移入五谷、米、勺子和植物叶子素材，将五谷、米和勺子移动到图像的边缘，将其部分进行隐藏，效果如图4-18所示。

图4-18　移入素材

03 此时商品和修饰的图像布局完毕，下面就为广告中的文案进行布局，这里选择了一个能够直接书写毛笔字的字体，然后依次输入“五、谷、食、粮”，按照后面的图像风格将文字进行位置的调整，效果如图4-19所示。

图4-19　输入文字

04 将“五、谷、食、粮”这几个图层一同选取，按Ctrl+G组合键将其进行编组，之后选择此图层组，执行菜单栏中的“图层”→“图层样式”命令，选择“外发光”选项，打开“外发光”面板，设置参数值后单击“确定”按钮，此时会为整个图层组添加外发光效果，如图4-20所示。

图4-20　为图层组添加图层样式

05 主体文案调整完毕后，再输入一些修饰文字并添加圆角矩形，在布局中将文案以居中的方式进行对齐，效果如图4-21所示。

图4-21　输入文本并调整对齐

06 移入“光源”素材，将其在“图层”面板中放置到“组1”的上方，调整图像的大小，设置“混合模式”为“滤色”、“不透明度”为87%，执行菜单栏中的“图层”→“创建剪贴蒙版”命令，为“组1”添加剪贴蒙版，如图4-22所示。

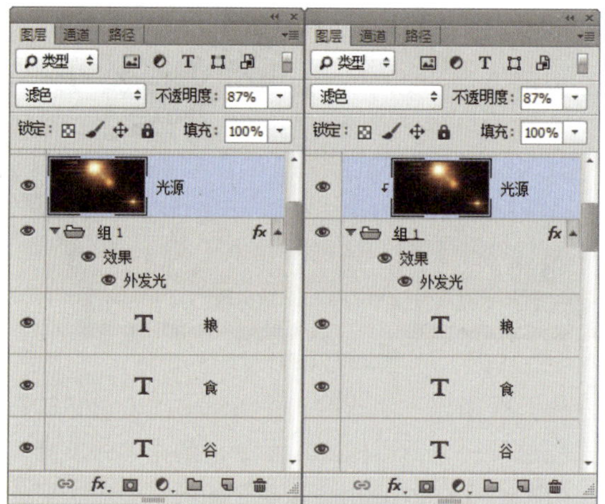

图4-22　添加剪贴蒙版

07 调整“光源”图层中的图像位置，至此，本例制作完毕，效果如图4-23所示。

图4-23　最终效果

4.1.3　多视点参与广告设计与制作

常规视角的广告制作是大多数的网店店主的最常用方法，这样的图片看多了就会产生审美疲劳，对买家的吸引力逐渐降低。按照此逻辑，正好可以在商品视角的运用上进行一下大胆的尝试，使买家产生新鲜感，让人感觉眼前一亮，无形中就会对店铺的流量产生推动力。本例中以多视点商品主体风格制作了图4-24所示的950像素广告效果。在设计时将展示的商品穿在人物的脚上并展示两个视角点，从而更加清晰地展示商品的优点。

图4-24　多视点参与广告设计与制作

本例以高跟女鞋作为设计对象，主要内容是穿上鞋子从不同视角展示商品信息，不但展示了这个鞋子的原貌，还展示了穿在脚上的效果，再加上右侧文案上方的细节展示，可以让女鞋的优点更加清晰地展示出来。下面就讲解具体的制作步骤。

操作步骤

01 打开Photoshop软件，新建一个“宽度”为950像素、“高度”为500像素的空白文档，移入“女鞋”素材，在鞋子边缘地板处绘制一个矩形选区，如图4-25所示。

图4-25　新建文档并移入素材

02 执行菜单栏中的“编辑”→“定义图案”命令，在打开的“图案名称”对话框中设置“名称”为“地板”，如图4-26所示。

03 按Ctrl+D组合键去掉选区，选择背景图层，按Shift+F5组合键打开“填充”对话框，其中的参数设置如图4-27所示。

图4-26 “图案名称”对话框

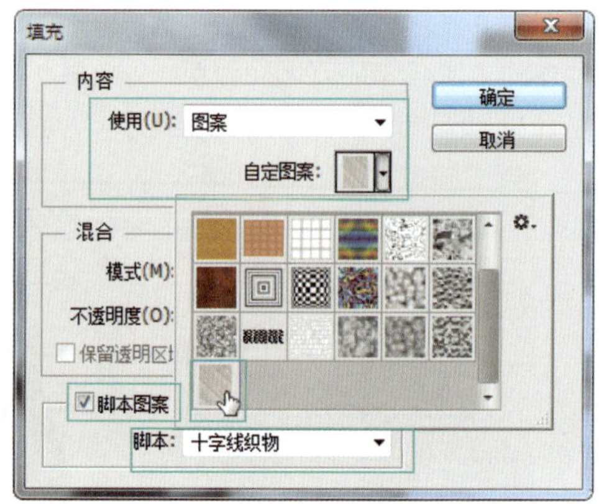

图4-27 “填充”对话框

04 设置完毕后单击“确定”按钮，效果如图4-28所示。

图4-28 填充效果

05 选择女鞋所在的图层，为其添加图层蒙版后，使用黑色画笔进行编辑，效果如图4-29所示。

图4-29 编辑蒙版

06 在背景图层上方新建一个图层，填充白色后再为其添加图层蒙版，然后使用 (渐变工具) 填充渐变色编辑蒙版，效果如图4-30所示。

图4-30　编辑蒙版

07 新建图层，绘制两个黑色矩形，再在素材中将鞋子局部通过矩形选框工具选取的方法，将其拖曳到黑色矩形上，效果如图4-31所示。

图4-31　拖曳素材

08 图像部分制作完毕后，再在图像下面输入文字，并在文字下面添加矩形衬底，效果如图4-32所示。

图4-32　输入文字和绘制矩形

09 在鞋子两侧绘制选区，填充“从灰色到透明”的渐变色，效果如图4-33所示。

图4-33　绘制选区填充渐变

10 按Ctrl+D组合键去掉选区，复制一个副本，将其进行水平翻转，并进行位置移动。至此，本例制作完毕，效果如图4-34所示。

图4-34　最终效果

4.1.4　超出背景区域设计与制作

超出范围指的就是冲出束缚的版面，从而吸引眼球，也就是素材本身的某个部分在规划设计区以外。此种设计方式打破了原有的物体封闭性，给买家一个新的视觉冲击。本例中以超出背景区域风格制作了图4-35所示的950像素广告效果。在设计时将展示的商品超出背景图像的区域，从而更加清晰地凸显商品本身。

图4-35　超出背景区域的设计与制作

本例以净化器作为设计内容，其中净化器高度超出背景的范围，再通过左侧文案、绿色色块、小鸟、蝴蝶、幼苗和草蔓来凸显净化器的特点。下面就讲解具体的制作步骤。

操作步骤

01 打开Photoshop软件，新建一个“宽度”为950像素、“高度”为500像素的空白文档，移入“超出范围背景”素材和“净化器”素材，并调整大小和位置，如图4-36所示。

图4-36　新建文档并移入素材

02 在“图层1”图层的上方新建一个图层，绘制一个白色矩形，将其拖曳到图像的顶部，如图4-37所示。

图4-37 新建图层并绘制白色矩形

03 分别移入小鸟、蝴蝶、幼苗、叶子和草蔓素材，如图4-38所示。

图4-38 移入素材

04 选择草蔓素材所在的图层，复制几个副本并调整其位置，如图4-39所示。

图4-39 复制素材

05 将草蔓所在的图层一同选取，按Ctrl+E组合键合并图层，执行菜单栏中的“编辑”→“操控变形”命令，在草蔓上单击添加操控点，拖动操控点改变形状，如图4-40所示。

图4-40　操控变形

06 按Enter键完成操控变形，为其添加图层蒙版，使用黑色画笔进行编辑，效果如图4-41所示。

图4-41　编辑蒙版

07 执行菜单栏中的“图层”→“图层样式”命令，选择“投影”选项，为草蔓所在的图层添加投影，效果如图4-42所示。

图4-42　添加投影

08 将草蔓素材拖曳到当前文档的右上角处，再复制一个副本向下移动位置，此时图像区域制作完毕，效果如图4-43所示。

图4-43　移入素材

09 下面制作文案区域。在图像的中间绘制两个绿色矩形，并调整不透明度，绘制矩形的目的是输入文字，效果如图4-44所示。

图4-44　绘制矩形

10 在矩形块的左侧、上方和下方输入文本，调整文字的大小并设置合适的字体。至此，本例制作完毕，效果如图4-45所示。

图4-45　最终效果

4.2　750像素广告设计与制作

网店中宽度是750像素的广告通常会被放置到第2屏或详情页的首广告中，该广告在淘宝中的宽度是被固定在750像素的，而高度可以根据商品的不同进行设置，如图4-46所示。本节按色系对色彩进行分类来设计750像素广告，色系即色彩的冷暖分别。色彩学上根据心理感受，把颜色分为暖色调（红、橙、黄）、冷色调（青、蓝）和中性色调（紫、绿、黑、灰、白），下面为大家以暖色系方案设计与制作、冷色系方案设计与制作和中性色方案设计与制作进行讲解。

图4-46　750像素通栏广告

4.2.1　暖色系方案设计与制作

本例中以暖色调风格制作了图4-47所示的750像素广告效果。在设计时以暖色的红橙色为主色，配以中性色的文案来制作出此风格的广告内容。

图4-47　暖色系方案设计与制作

本例以家装中的家电作为设计对象，其中主要内容是家中需要的各种家电，配以简洁的文案，让整个广告看起来有一种暖暖的感觉，再加上右边的小熊玩具，整体感觉更加温馨。下面就讲解具体的制作步骤。

操作步骤

01 打开Photoshop软件，新建一个“宽度”为750像素、“高度”为400像素的空白文档，设置前景色和背景色后，使用■（渐变工具）填充“从黄色到橘红色”的径向渐变色。新建图层，绘制选区，填充线性渐变色，并添加图层蒙版进行编辑，如图4-48所示。

图4-48　背景色制作

02 在背景上新建一个图层，绘制一个羽化值为10的矩形选区，将其填充为“白色”并去掉选区，以此来实现层次感，如图4-49所示。

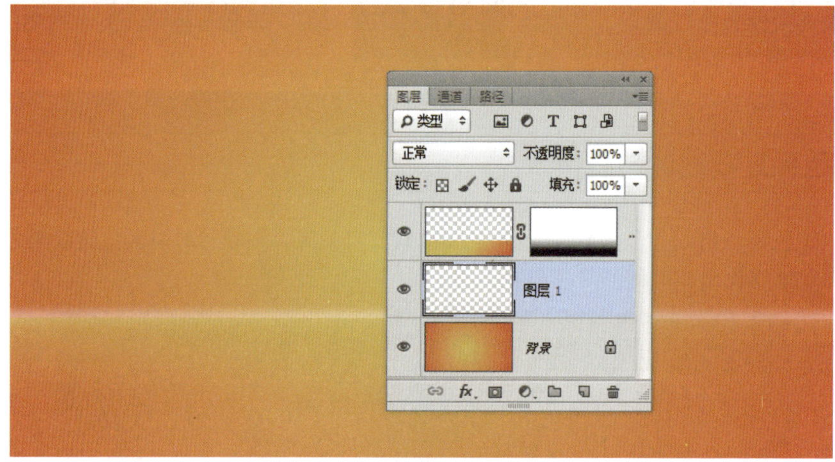

图4-49　绘制矩形线条

03 移入“家电”素材，调整大小并移动位置，如图4-50所示。

图4-50　移入素材

04 下面为家电分别制作倒影。在单个家电下方创建选区，复制图像并进行垂直翻转，添加图层蒙版后，使用 （渐变工具）编辑蒙版，如图4-51所示。

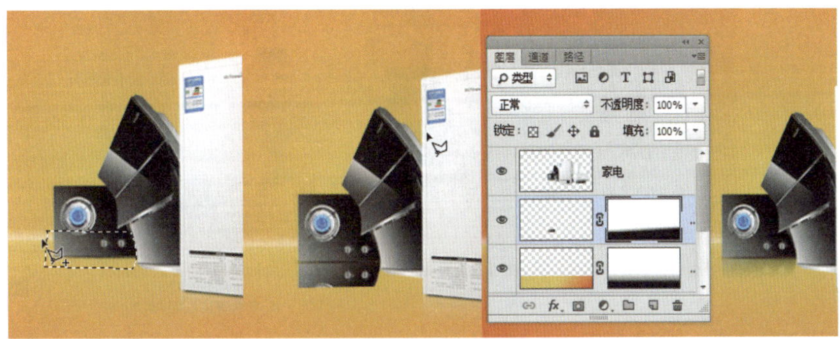

图4-51　制作倒影

05 使用同样的方法为所有家电添加倒影，效果如图4-52所示。

图4-52　制作所有家电倒影

06 移入楼层、花瓣01、花瓣02素材，调整位置，设置“花瓣01”的“混合模式”为“叠加”，“花瓣02”的“混合模式”为“线性加深”，效果如图4-53所示。

图4-53　移入素材并设置

07 为“家电”图层中的图像添加外发光，效果如图4-54所示。

图4-54　添加外发光

08 在左侧绘制一个图形，再输入文字，如图4-55所示。

图4-55　输入文字

09 执行菜单栏中的“类型”→“栅格化文字图层”命令，将文字进行位置的调整，创建选区，再将“新”右侧的线条拉长，如图4-56所示。

图4-56　栅格化文字

10 按Ctrl+D组合键去掉选区，绘制矩形和正圆并输入文本，效果如图4-57所示。

图4-57　输入文字

11 移入“小熊”素材，完成本例的制作，效果如图4-58所示。

图4-58　最终效果

4.2.2　冷色系方案设计与制作

蓝色、绿色、紫色都属于冷色系，给人专业、稳重、清凉的感觉，本例中以冷色调风格制作了图4-59所示的750像素广告效果。在设计时以冷色的蓝、青色为主色，配以中性色和冷色的文案。

图4-59　冷色系方案的设计与制作

本例以运动鞋作为设计内容，其中运动鞋被倒着放，鞋底处出现的各个景点代表穿此鞋可以轻松地进行旅游，以此创意的广告内容不难看出运动鞋的功能和舒适。配以简洁并分组布局的文案，体现出此鞋子的各个特点，让整个广告看起来稳重大气。下面就讲解具体的制作步骤。

操作步骤

01 打开Photoshop软件，新建一个“宽度”为750像素、“高度”为400像素的空白文档，为其填充冷色调中的“青色”，如图4-60所示。

图4-60 填充冷色

02 移入“云层”素材，为其添加图层蒙版，使用（渐变工具）编辑图层蒙版，如图4-61所示。

图4-61 编辑“云层”蒙版

03 移入“星空”素材，为其添加图层蒙版，使用（渐变工具）编辑图层蒙版，设置“混合模式”为“强光”，“不透明度”为73%，效果如图4-62所示。

图4-62 编辑“星空”蒙版

04 移入“运动鞋”素材，将素材进行垂直翻转，再将“陆地”素材移入到当前文档中，如图4-63所示。

图4-63 移入素材

05 选择“陆地”所在的图层，执行菜单栏中的“编辑”→“操控变形”命令，添加控制点并调整形状，如图4-64所示。

图4-64　操控变形

06 按Enter键完成变换，为其添加图层蒙版，使用黑色画笔编辑蒙版，效果如图4-65所示。

图4-65　编辑蒙版

07 移入“著名景点”素材，使用操控变形调整形状，添加蒙版后使用黑色画笔进行编辑，再移入长颈鹿、大象和大树素材，效果如图4-66所示。

图4-66　编辑蒙版

08 选择（画笔工具）后，按F5键打开“画笔”面板，其中的参数设置如图4-67所示。

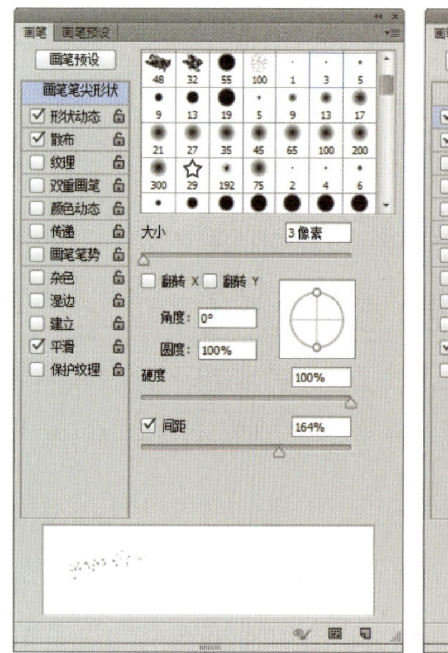

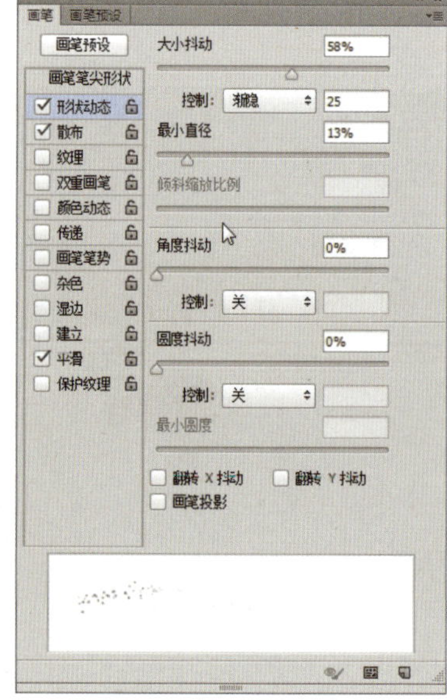

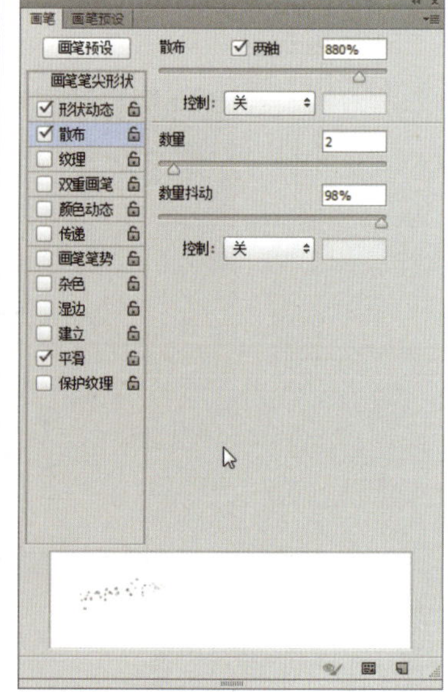

图4-67　编辑画笔

09 新建一个图层，使用（画笔工具）绘制黑色画笔，效果如图4-68所示。

图4-68　绘制画笔

10 移入“石头地面”素材，执行菜单栏中的“图层”→“创建剪贴蒙版”命令，效果如图4-69所示。

图4-69　创建剪贴蒙版

11 使用（自定义形状工具）绘制“会话1”图形，再为其添加渐变叠加，效果如图4-70所示。

图4-70　绘制图形

12 输入文本完成本例的制作，效果如图4-71所示。

图4-71　最终效果

4.2.3　中性色方案设计与制作

中性色就是黑、白、灰3种颜色，适用于与任何色系相搭配。本例中以黑白配色制作中性色风格750像素广告效果，如图4-72所示。在设计时以黑色为主色，配以白色文案。

图4-72　中性色方案设计与制作

本例以女装作为设计内容，其中在抽象的橱窗中显示女装，以此创意的广告内容不难看出女装的高端大气。配以简洁的文案体现出此女装的特点，让整个广告看起来高端大气。下面就讲解具体的制作步骤。

操作步骤

01 打开Photoshop软件，新建一个“宽度”为750像素、“高度”为400像素的空白文档，为其填充“黑色”。新建图层，使用(矩形选框工具)绘制矩形选区，再使用(渐变工具)填充“从灰色到透明”的线性渐变，如图4-73所示。

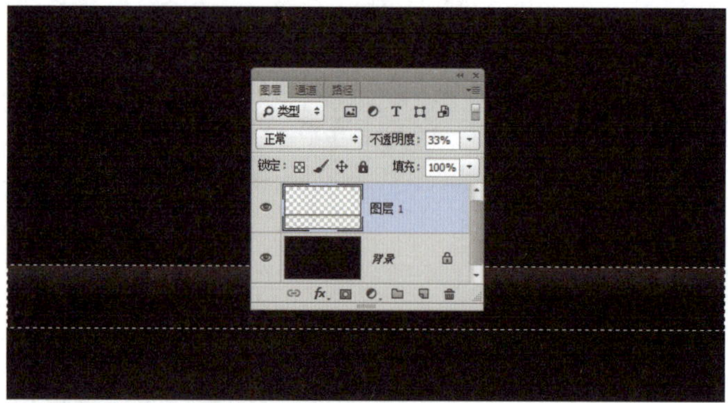

图4-73　填充黑色和灰色渐变

02 新建图层，绘制一个灰色矩形，为其添加“描边”图层样式，如图4-74所示。

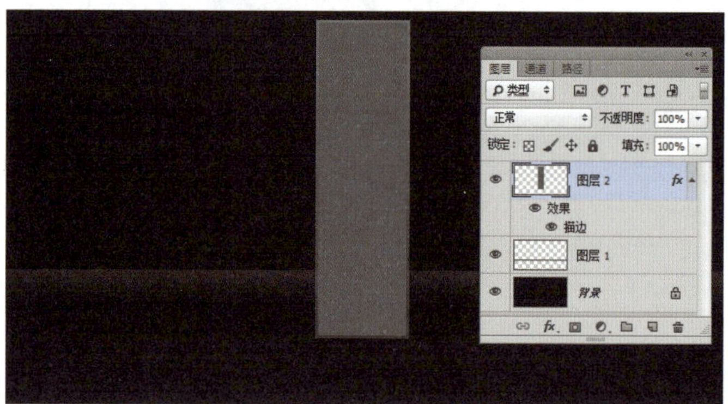

图4-74　绘制矩形添加描边

03 移入“景色”素材，执行菜单栏中的“图层”→“创建剪贴蒙版”命令，为其添加图层蒙版，使用(渐变工具)编辑蒙版，设置“不透明度”为77%，效果如图4-75所示。

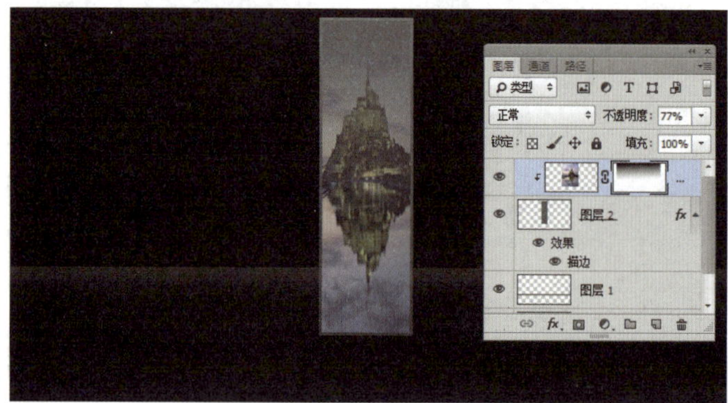

图4-75　编辑蒙版

04 将“图层2”图层和景色剪贴蒙版一同选取，按Ctrl+Alt+E组合键得到一个合并后的图层，将其进行垂直翻转，调整“不透明度”为31%，效果如图4-76所示。

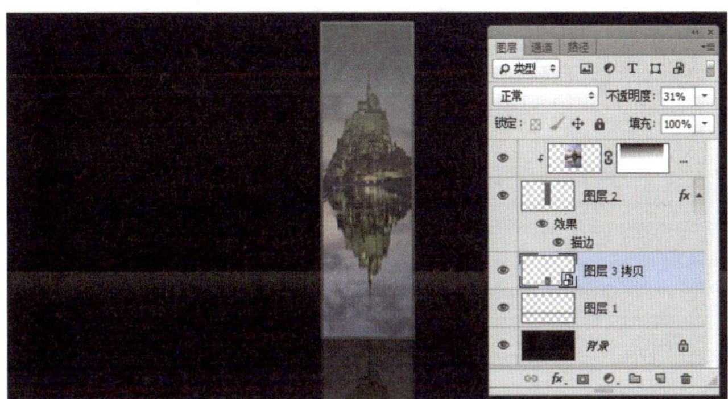

图4-76　制作倒影

05 创建一个“黑白”调整图层，效果如图4-77所示。

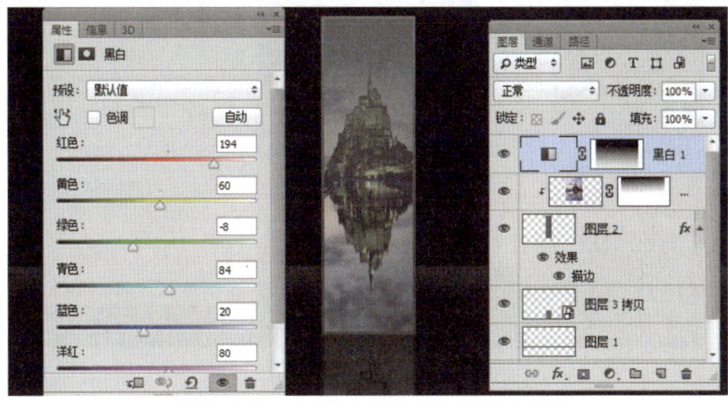

图4-77　创建“黑白”调整图层

06 新建一个图层组1，在组内新建图层，绘制矩形，添加描边样式，效果如图4-78所示。

图4-78　绘制矩形

07 打开“女装”素材，分别创建矩形选区，移动不同的女装到左侧的矩形上，为其创建剪贴蒙版，效果如图4-79所示。

图4-79　创建剪贴蒙版

图4-79　创建剪贴蒙版（续）

08 为图层组1创建图层蒙版，使用（渐变工具）编辑蒙版，效果如图4-80所示。

图4-80　编辑蒙版

09 复制“组1”得到一个副本，执行菜单栏中的“滤镜”→“转换为智能对象”命令，再将其进行垂直翻转，移动位置并设置“不透明度”为58%，效果如图4-81所示。

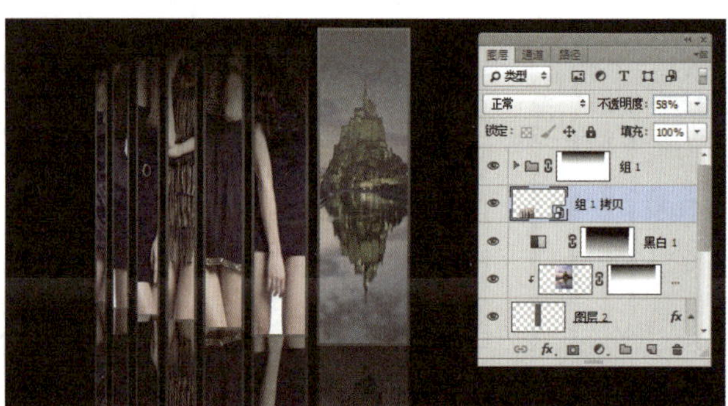

图4-81　制作倒影

10 复制“黑白”调整图层，将其拖曳到最上层，效果如图4-82所示。

图4-82　复制“黑白”调整图层

11 使用同样的方法制作右侧的女装，效果如图4-83所示。

图4-83　制作右侧女装效果

12 新建图层，绘制一个黑色矩形，调整不透明度后输入文本，并为文本制作倒影，如图4-84所示。

图4-84　输入文字

13 新建图层，使用 （多边形工具）绘制圆角三角形，如图4-85所示。

图4-85　绘制圆角三角形

14 输入合适的文字，再使用 （多边形套索工具）绘制一个羽化值为15的多边形选区，如图4-86所示。

图4-86　输入文字并绘制选区

15 将前景色设置为“紫色”，背景色设置为“白色”，新建一个图层后，执行菜单栏中的“滤镜”→“渲染”→“云彩”命令，按Ctrl+F组合键3次，设置“混合模式”为“亮光”。至此本例制作完毕，效果如图4-87所示。

图4-87　最终效果

4.3　190像素广告设计与制作

190像素广告的宽度比较小，在网店中通常会放置到页面中的左侧或右侧的小布局中，是为了更好地为网店中的商品做宣传，如图4-88所示。在案例中为大家对凸显特点方案设计与制作和商品本身参与设计与制作进行讲解。

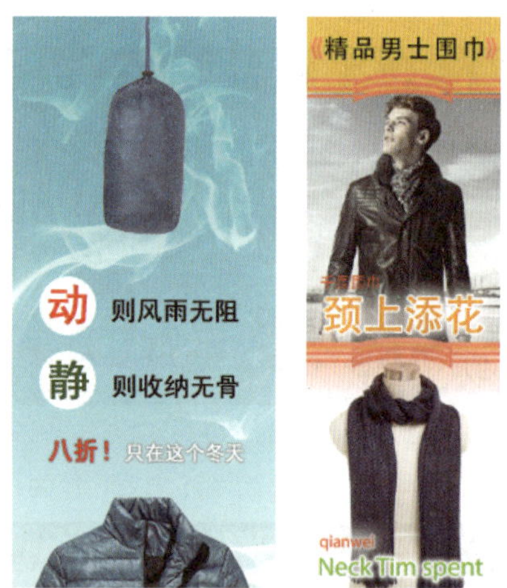

图4-88　190像素通栏广告

4.3.1　凸显特点方案设计与制作

无论是价格、产品功能还是产品本身，在设计时都要将重点凸显出来，一定不要让重点部分与次要部分平分秋色，让买家分不清主次。在设计时要考虑同种商品在网店中的差异化设计。本例中以商品特点风格制作了如图4-89所示的190像素广告效果。在设计时以文案说明的方式来制作出此风格的广告内容。

图4-89　凸显特点方案设计与制作

本例以风扇作为设计内容，其中一眼就会看到风扇，加以文案进行辅助说明商品的特点，让广告中的特点完全地凸显出来。下面就讲解具体的制作步骤。

操作步骤

01 打开Photoshop软件，新建一个“宽度”为190像素、“高度”为450像素的空白文档，设置前景色为“黑色”，背景色为“白色”，执行菜单栏中的“滤镜”→“滤镜库”→“便条纸”命令，设置参数后单击“确定”按钮。再执行菜单栏中的“滤镜”→“杂色”→“添加杂色”命令，如图4-90所示。

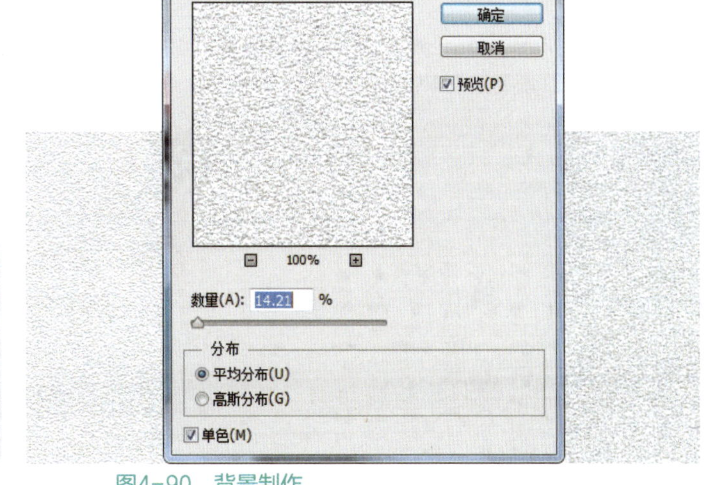

图4-90　背景制作

02 移入“风扇”素材，新建一个图层，填充“黑色”，执行菜单栏中的“滤镜”→“渲染”→“镜头光晕”命令，打开“镜头光晕”对话框，设置参数后单击“确定”按钮，效果如图4-91所示。

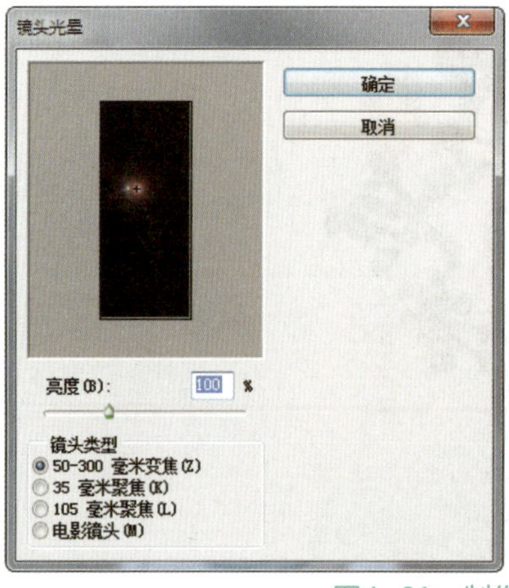

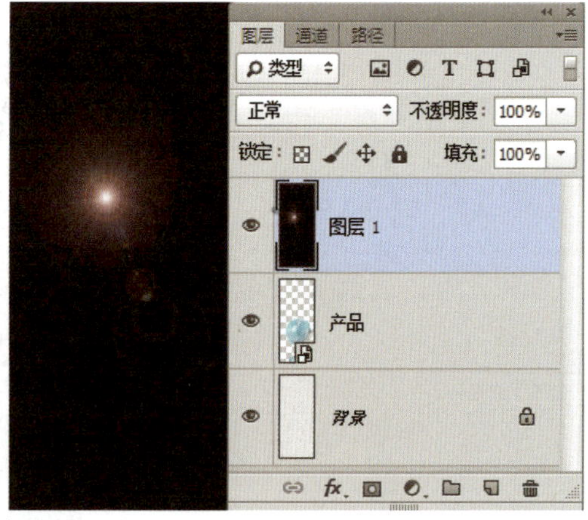

图4-91　制作光晕

03 设置“混合模式”为“滤色”，调整图像的位置，效果如图4-92所示。

04 在风扇的上方输入文字，这里的字体选择毛笔字体，将文本进行如图4-93所示的位置和大小的调整，效果如图4-93所示。

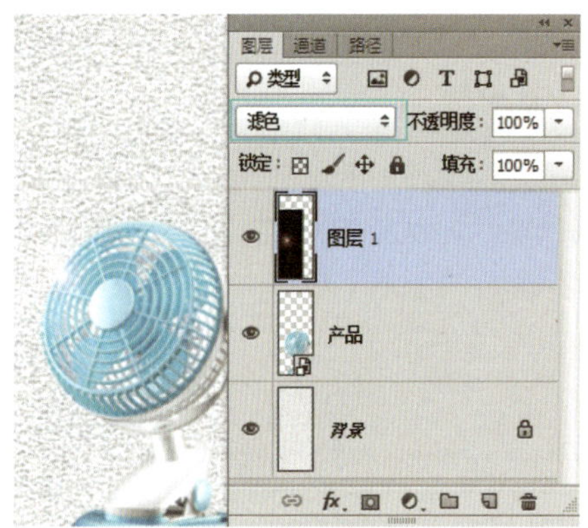

图4-92　设置混合模式

图4-93　输入文本

05 将前景色设置为“红色”，新建图层，使用（画笔工具）选择毛笔笔触，在页面中绘制画笔，效果如图4-94所示。

06 再选择合适的文字字体，分别在画笔笔触上输入白色文本，在画笔笔触周围输入黑色文本。至此本例制作完毕，效果如图4-95所示。

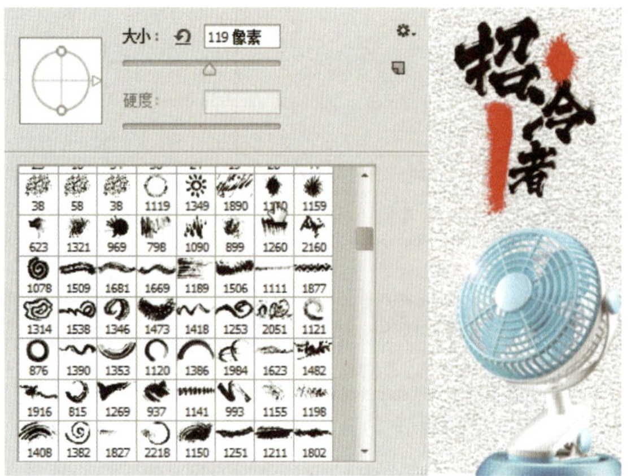

图4-94　绘制画笔笔触

图4-95　最终效果

4.3.2　商品本身参与设计与制作

直接使商品在广告中参与设计，可以更好地体现出商品本身的特色和质感，将商品作为底图加上图形进行创意设计，使整个图像变成一个创意设计。本例中以商品本身参与的风格制作了图4-96所示的190像素广告效果。

图4-96　商品本身参与设计与制作

本例以男士围巾作为设计内容，浏览者一眼就能看到是围巾，加以图形和文案辅助设计出此广告的特点。下面就讲解具体的制作步骤。

操作步骤

01 打开Photoshop软件，新建一个“宽度”为190像素、“高度”为450像素的空白文档，设置前景色为“黑色”，背景色为“白色”，新建一个图层，执行菜单栏中的“滤镜”→“渲染”→“云彩”命令，为其添加图层蒙版，使用■（渐变工具）编辑蒙版，效果如图4-97所示。

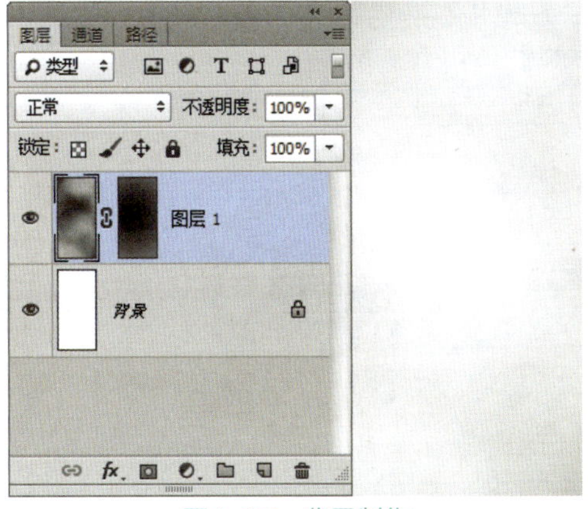

图4-97　背景制作

02 移入“男士围巾”素材，调整大小和位置后设置“混合模式”为“深色”，效果如图4-98所示。

03 新建图层，绘制一个三角形选区并填充颜色，收缩选区后删除选区内容，效果如图4-99所示。

图4-98 移入素材

图4-99 绘制图形

04 按Ctrl+D组合键去掉选区，为图层添加图层蒙版，使用黑色画笔编辑蒙版，效果如图4-100所示。

图4-100 编辑蒙版

05 复制“图层3”图层，得到一个副本图层，设置“混合模式”为“变暗”，重新编辑蒙版，效果图4-101所示。

06 新建图层，在三角形边缘绘制圆和直线，效果如图4-102所示。

图4-101 编辑蒙版

图4-102 绘制图形

07 新建图层，将前景色设置为“姜黄色”，新建图层，使用（画笔工具）选择毛笔笔触，在页面中绘制画笔笔触，效果如图4-103所示。

08 新建图层，绘制白色矩形，调整不透明度，再输入与图像相对应的广告文案。至此本例制作完毕，效果如图4-104所示。

图4-103　绘制画笔笔触

图4-104　最终效果

4.4　陈列区广告设计与制作

在设计淘宝店铺的首页各个元素时，除了店招、广告图以外，大多数的店铺都会在首页添加一个图像陈列区域，陈列区可以放在第二屏或第三屏中，宽度可以是标准通栏的950像素，也可以在水平分开区域中的750像素中进行摆放，如图4-105所示的图像为店铺中陈列区广告内容。在案例中将为大家讲解格局分布方案设计与制作和单色与图片搭配方案设计与制作。

图4-105　陈列区广告设计与制作

垂直

任意

图4-105 陈列区广告设计与制作（续）

4.4.1 格局分布方案设计与制作

在陈列区的商品广告设计中通常会在商品底图上进行格局分布，使整个图像布局更加分明，以此来凸显陈列区的作用。本例中以格局分布风格特点制作了图4-106所示的陈列区广告效果。在设计时采用线条划分格局的方式。

图4-106 格局分布方案设计与制作

本例以女士外套作为设计内容，其中一眼就会看到女士针织外衣，加以文案进行辅助说明。下面就来讲解具体的制作步骤。

操作步骤

01 启动Photoshop软件，新建一个“宽度”为750像素、“高度”为400像素的空白文档。

02 执行菜单栏中的“文件”→“打开”命令，打开本书相关资源中的“女士针织外套01. jpg”和“女士针织外套02.jpg”素材，如图4-107所示。

图4-107　打开素材

03 将女士针织外套01和女士针织外套02素材中的图像拖曳到“陈列区图像设计”文档中，按Ctrl+T组合键将其调整到与背景大小相一致，按Enter键完成变换，效果如图4-108所示。

图4-108　移入素材并调整大小

04 新建图层，使用▭（矩形工具）绘制两个不同颜色的矩形，效果如图4-109所示。

图4-109　绘制矩形

05 新建图层，使用 （直线工具）绘制4条白色直线，效果如图4-110所示。

图4-110　绘制直线

06 使用 （横排文字工具）输入文字。至此本例制作完毕，效果如图4-111所示。

图4-111　最终效果

4.4.2　单色与图片搭配方案设计与制作

以一张图片作为背景进行编辑，加上单色的图形辅助设计，可以使整个陈列区具有非常动感的广告效果。本例中以单色图形加图像风格特点制作了图4-112所示的陈列区广告。在设计时以线条和三角图形进行修饰的方式来制作此风格的广告内容。

图4-112　单色与图片搭配方案设计与制作

本例以女士裙装作为设计内容，其中一眼就可看到裙子是广告的主体，加以文案和图形进行辅助，设计出该陈列区的特点。下面讲解具体的制作步骤。

操作步骤

01 打开Photoshop软件，新建一个“宽度”为750像素、“高度”为400像素的空白文档，移入“女装连衣裙”素材，效果如图4-113所示。

图4-113　移入素材

02 复制“图层1”图层，得到一个副本图层，执行菜单栏中的“编辑”→“变换”→“水平翻转”命令，将图片进行翻转，为副本图层添加图层蒙版，使用（渐变工具）编辑蒙版，效果如图4-114所示。

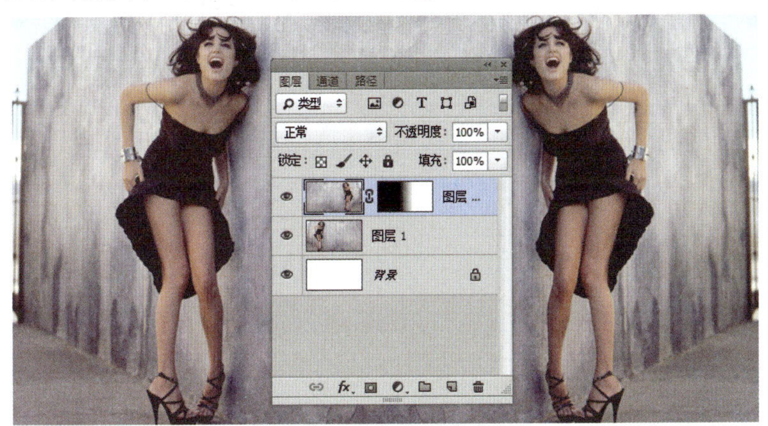

图4-114　编辑蒙版

03 新建图层，使用（矩形选框工具）绘制两个矩形选区后填充“姜黄色”，调整不透明度后按Ctrl+D组合键去掉选区，使用（矩形选框工具）框选中间位置删除选区内容，效果如图4-115所示。

图4-115　绘制矩形

04 新建图层，在中间绘制矩形，填充颜色并调整不透明度，效果如图4-116所示。

图4-116　调整不透明度

05 绘制三角形，拼贴成一个三角立方体，再调整不透明度，效果如图4-117所示。

图4-117　绘制三角立方体

06 复制三角立方体，调整大小，并放置到不同位置，效果如图4-118所示。

图4-118　复制三角立方体

07 在左上角和右上角边缘处绘制三角形和直线，再在中间位置绘制两条线，效果如图4-119所示。

图4-119　绘制线条

08 在中间矩形中输入白色文字。至此本例制作完毕，效果如图4-120所示。

图4-120　最终效果

第5章

快速导航区设计与制作

- 悬浮导航设计与制作
- 宝贝分类设计与制作

网店中的导航功能与网页中的类似，都是以最快的速度引导浏览者进入另一区域或另一界面。不同的是，网店中的导航需要更加吸引买家和更细致精准引导，以便更快地使买家进入到商品的展示或详情页面中。

除了和店招在一起的导航外，网店中的导航还有悬浮导航和宝贝分类等导航功能，本章主要为大家讲解悬浮导航设计与制作以及宝贝分类设计与制作。

由于篇幅有限，本章中的案例只做简单的步骤讲解，详细的操作大家可以参考附带的视频教程。

5.1 悬浮导航设计与制作

无论显示的是第几屏内容，悬浮导航始终在左上角显示，悬浮导航不仅有导航功能，还可以通过设计使其更加吸引买家的眼球，如图5-1所示。本节就以常用的半透明方案设计与制作和单色背景方案设计与制作为例进行讲解。

图5-1　悬浮导航

5.1.1　半透明方案设计与制作

半透明悬浮导航，并不是指制作的所有内容都是半透明效果，在其中能够引起注意的区域和添加导航热区的位置内容还是处于非透明状态的，这样做的好处就是半透明区域可以与网店中的内容相融合，使其更加像一个整体，而关键部分可以凸显出来用以吸引买家的眼球。本例中以半透明的方式制作了图5-2所示的半透明悬浮导航效果。在设计时主体文本区域处于非透明状态，无论背景区域如何变换都能清晰地展示出来。

图5-2　半透明方案的设计与制作

悬浮导航半透明区域是为了与网店中显示的内容相融合，而非透明区域是为了更加清晰地展示热区内容和广告文案，这样的效果最终一定要储存为PNG格式，只有这个格式才可以把图像中的透明和非透明区域完美地在网店中显示出来。下面就来讲解具体的制作步骤。

操作步骤

01 打开Photoshop软件，根据全屏通栏广告的大小创建一个“宽度”为190像素、“高度”为550像素的空白文档，新建图层，使用（多边形工具）绘制一个黄色三角形和一个灰色三角形，如图5-3所示。

02 新建图层，使用（直线工具）绘制一个白色“田”字形状，再输入白色文字，效果如图5-4所示。

图5-3　绘制三角形

图5-4　绘制“田”字形状并输入文字

03 输入白色、黑色、黄色的文字，再绘制4个黄色圆环，之后在白色文字下面绘制黑色矩形，在图像的中间位置绘制一个灰色三角形，效果如图5-5所示。

图5-5　输入文字并绘制图形

04 将黄色三角形、“田”字线条、“围你而来”文字一同选取，按Ctrl+E组合键将其合并，在“图层”面板中将合并的图层、灰色三角形一同选取，调整“不透明度”为55%，效果如图5-6所示。

05 复制“背景”图层，调整“不透明度”为24%，再将“背景”图层隐藏，效果如图5-7所示。

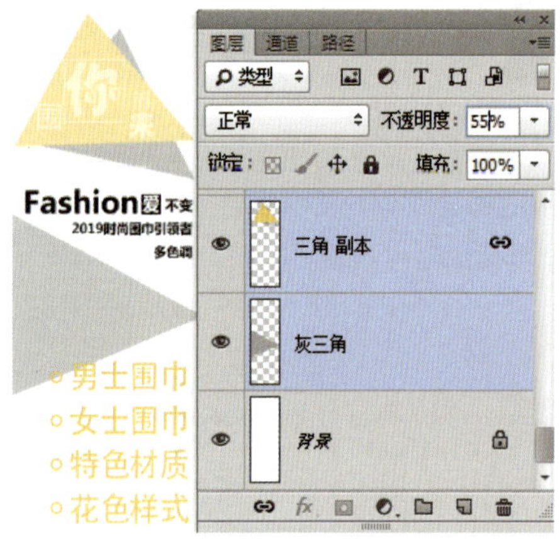

图5-6　调整不透明度

图5-7　调整“背景”图层不透明度

06 执行菜单栏中的“文件”→“存储为”命令，将其储存为PNG格式，效果如图5-8所示。

图5-8　储存文件

07 图像设置完毕后，下面来看应用到网店中的效果。进入“店铺装修”页面，打开“模块”菜单，拖动“悬浮导航”模块到全屏轮播图左侧位置，如图5-9所示。

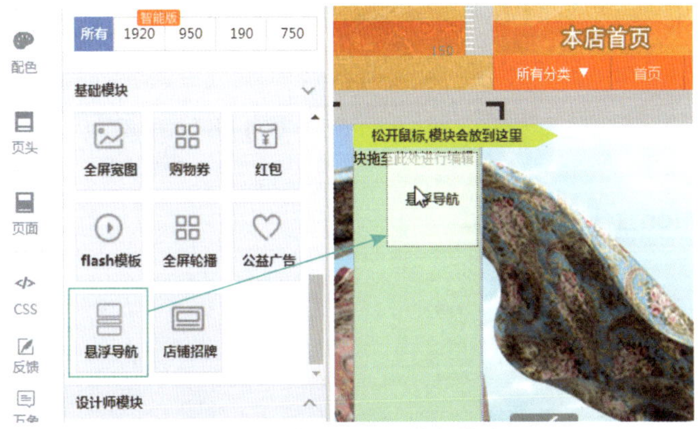

图5-9　添加“悬浮导航”模块

08 在“悬浮导航”处单击“编辑”按钮，如图5-10所示。

图5-10　单击“编辑”按钮

09 进入“悬浮导航”对话框，首先设置位置，如图5-11所示。

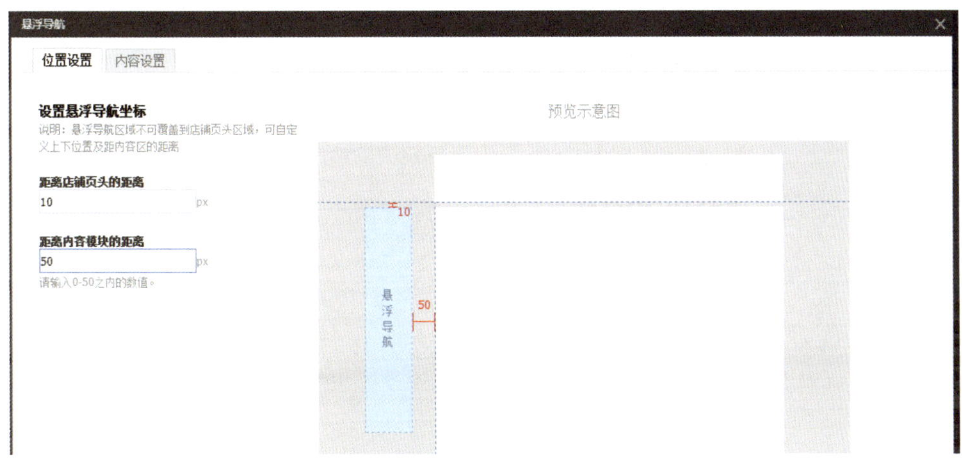

图5-11　设置悬浮位置

10 位置设置完毕后，再设置内容，在“添加导航栏图片”下面单击“上传新图片”按钮，选择悬浮导航图片，如图5-12所示。

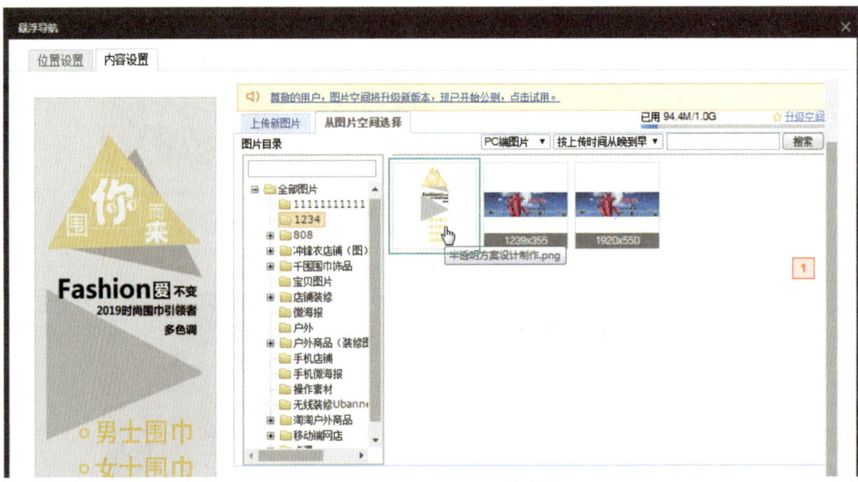

图5-12　设置悬浮导航内容

11 在“添加点击热区”处输入链接地址，如图5-13所示。

添加导航栏图片

更换图片

请选择宽度小于200、高度小于600的图片，类型jpg、png、gif

添加点击热区

//shop108102020.taobao.com/p/

自定义页面　宝贝分类　宝贝

请选择要添加的自定义

特色材质

单色围巾

花色样式

男士围巾

女士围巾

图5-13　添加链接地址

12 依次再添加3个热区，效果如图5-14所示。

图5-14　添加悬浮导航链接

13 设置完毕后单击“确定”按钮，此时添加了悬浮导航，单击右上角的“发布站点”按钮，可以看到效果如图5-15所示。

图5-15　应用后的效果

5.1.2　单色背景方案设计与制作

单色背景在悬浮导航中，可以将热区中的文案凸显得更加惹眼，本例中以单色背景方式制作了图5-16所示的悬浮导航效果。在设计时将背景调整成半透明，可以让其与网店内容融为一体。

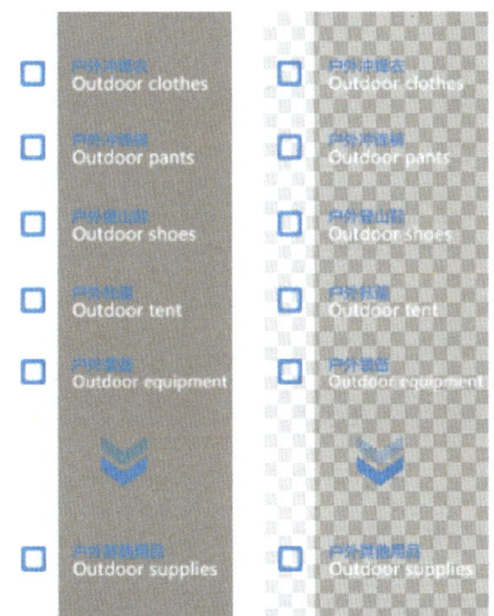

图5-16　单色背景方案设计与制作

悬浮导航中的单色调整为半透明的目的是可以更均匀地与网店内容融合，文案部位是为了更好地进行热区设置，本例中也要将图片设置为PNG格式。下面讲解具体的制作步骤。

操作步骤

01 打开Photoshop软件，要想创建悬浮导航，可以根据全屏通栏广告的大小创建一个“宽度”为190像素、“高度”为500像素的空白文档，新建图层，使用（自定义形状工具）绘制一个蓝色矩形框，如图5-17所示。

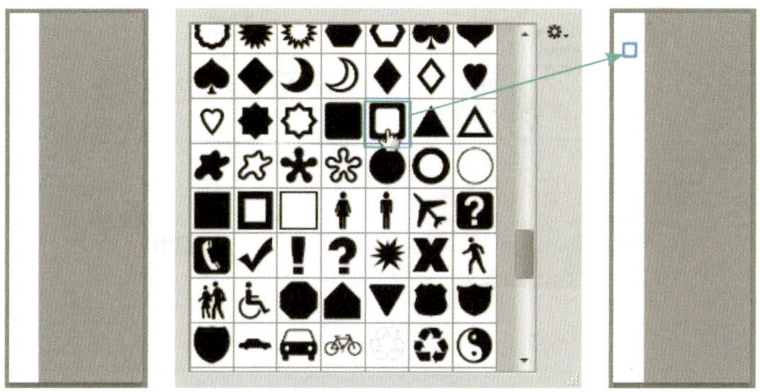

图5-17　绘制矩形框

02 复制矩形框，并均匀地进行垂直分布，将最下面的矩形框拉开距离，效果如图5-18所示。

03 在对应矩形框的位置输入文本，效果如图5-19所示。

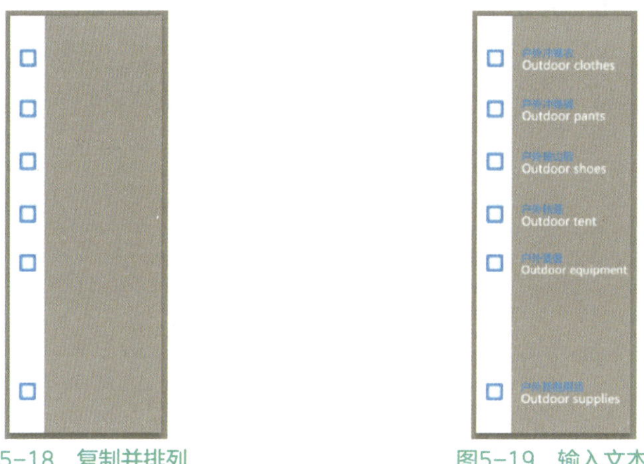

图5-18　复制并排列　　图5-19　输入文本

04 在下面空白区域，使用（自定义形状工具）绘制一个蓝色箭头，将其进行旋转并调整位置，效果如图5-20所示。

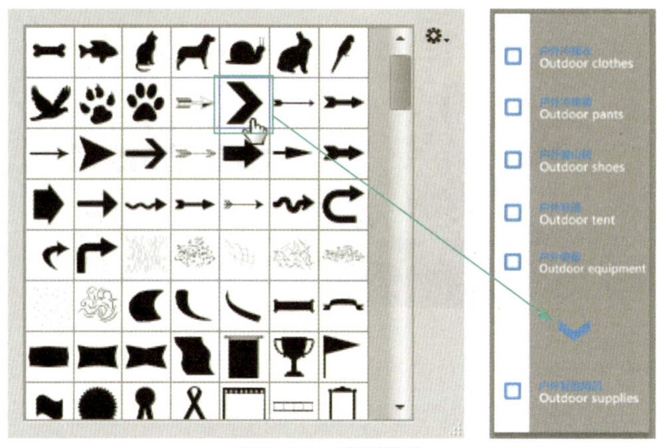

图5-20　绘制箭头

05 复制箭头，调整不透明度，效果如图5-21所示。

06 调整“图层1”图层的不透明度为55%，再将“背景”图层隐藏，效果如图5-22所示。

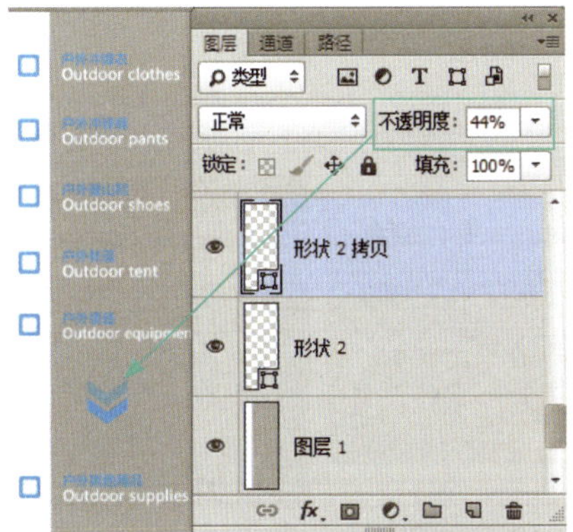

图5-21 调整不透明度

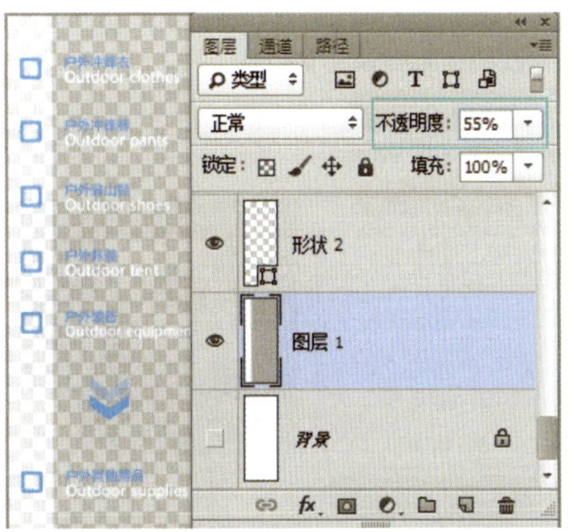

图5-22 调整“图层1”的不透明度

07 执行菜单栏中的“文件”→“存储为”命令，将其储存为PNG格式，效果如图5-23所示。

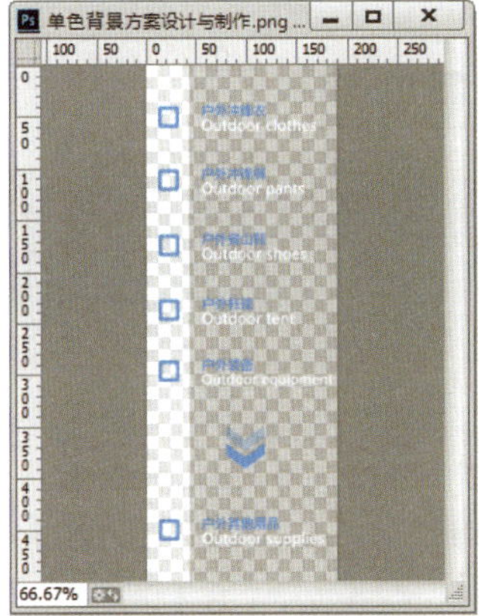

图5-23 储存文件

08 图像设置完毕后，将其应用到网店中的悬浮导航，效果如图5-24所示。

图5-24 应用悬浮导航

5.2 宝贝分类设计与制作

在网店中如果上传的宝贝过多，那么查看起来就会变得非常麻烦，如果将相同类型的宝贝进行归类，将宝贝放置到与之对应的分类中，此时再进行查找就会变得十分轻松，网店中的宝贝分类就是为了让买家以最便捷的方式找到自己想买的物品，在店铺中对于宝贝分类可以按照网店的整体色调进行设计，好的宝贝分类可以让买家一目了然，如图5-25所示。

图5-25 宝贝分类

5.2.1 宝贝分类设计与制作原则

宝贝分类在网店中主要起到导引作用，让买家可以在众多宝贝中快速查找到自己需要的商品，宝贝分类在设计与制作时大多会放置到左侧或通栏位置。

在制作宝贝分类时最好秉承以下几个要点。

宝贝分类要点一：宝贝分类的名称，告诉买家正确的商品信息。

宝贝分类要点二：颜色，最好与店铺的风格颜色保持一致。

宝贝分类要点三：尺寸，如果是放置在宽度为190像素内的布局中，宝贝分类宽度最好设置在160像素以内，因为在添加宝贝分类时，需要留出左右两端的空白，如果超出宽度，系统会自动对其进行裁剪，这样就看不到完整的宝贝分类图片了。

宝贝分类要点四：不要太绚丽，如果宝贝分类的图片视觉效果超过广告或商品本身图片的吸引力，就会抢了风头，这样会得不偿失。

5.2.2　按钮式图像方案设计与制作

按钮式图案宝贝分类的设计，在制作时要与网店的主题相呼应，本例制作了图5-26所示的按钮式图案效果。

图5-26　按钮式图像方案设计与制作

在制作宝贝分类时，如果使用统一的背景色，就应该将其去掉背景。下面就来讲解具体的制作步骤。

操作步骤

01 启动Photoshop，新建一个“宽度”为160像素、“高度”为60像素的空白文档，如图5-27所示。

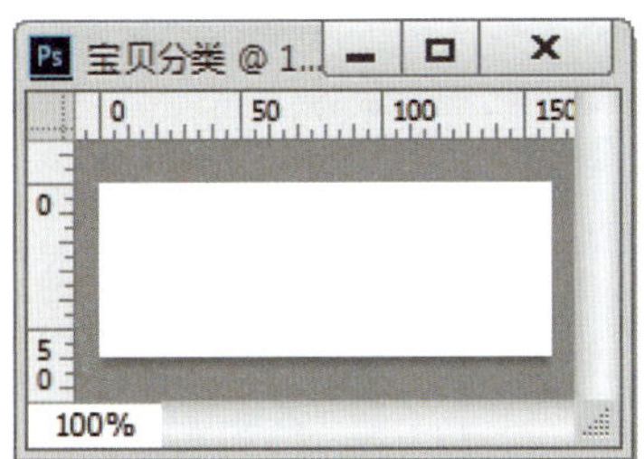

图5-27　新建空白文档

02 新建图层，使用（矩形选框工具）绘制一个矩形，再使用（渐变工具）从上向下拖动鼠标填充“从淡青色到深青色”的径向渐变色，如图5-28所示。

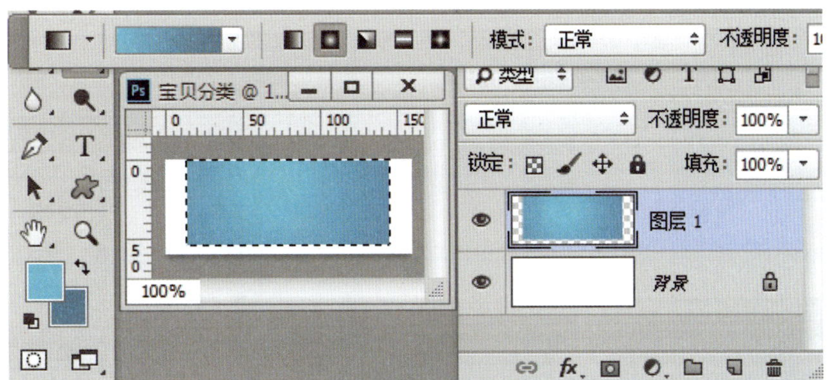

图5-28　绘制矩形并填充渐变色

03 按Ctrl+D组合键去掉选区，执行菜单栏中的“图层”→“图层样式”命令，选择“投影”选项，打开“投影”面板，其中的参数设置如图5-29所示。

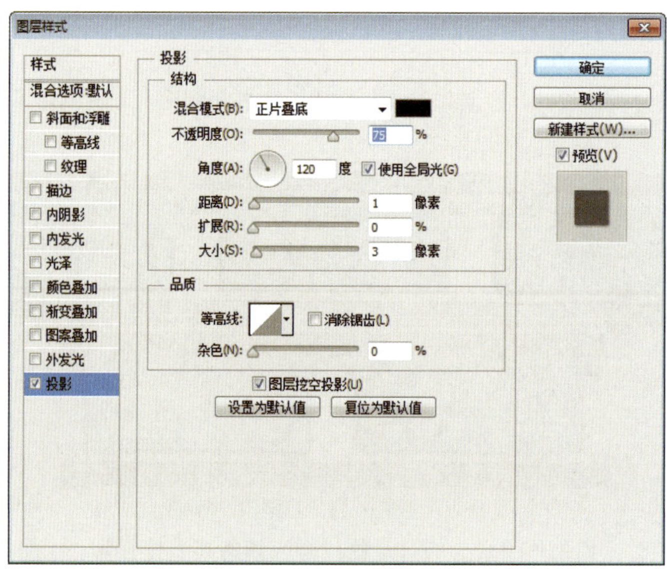

图5-29 设置图层样式

04 设置完毕后单击“确定”按钮，效果如图5-30所示。

05 在“图层1”图层的下面新建一个图层，使用 (矩形选框工具)绘制一个矩形，再使用 (渐变工具)从上向下拖动鼠标填充“从灰色到淡灰色”的线性渐变色，如图5-31所示。

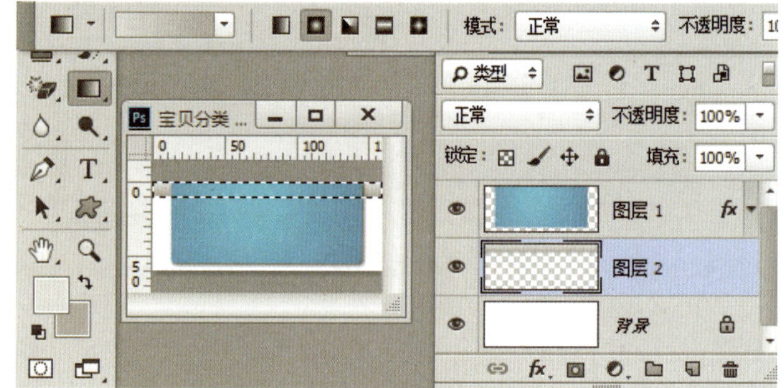

图5-30 添加投影

图5-31 绘制选区并填充渐变色

06 按Ctrl+D组合键去掉选区，新建一个图层，使用 (多边形套索工具)绘制一个三角形的选区，将选区填充为“深蓝色”，效果如图5-32所示。

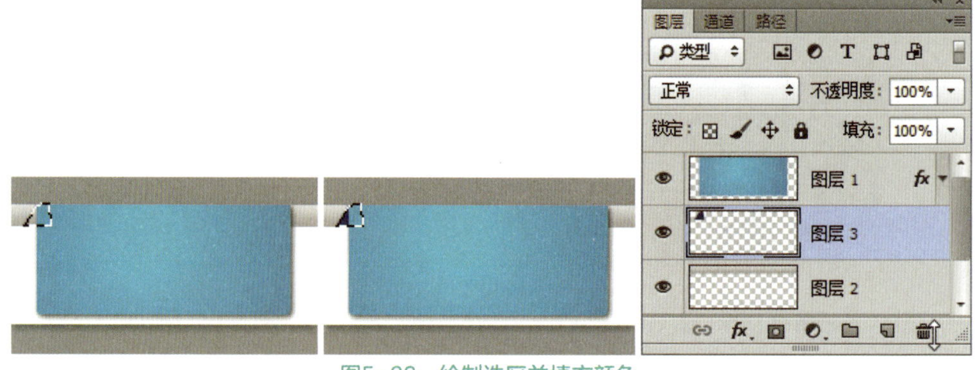

图5-32 绘制选区并填充颜色

07 使用同样的方法制作右侧的三角形，使整体图像看起来更加具有立体感，如图5-33所示。

08 新建一个图层，按住Ctrl键单击“图层1”图层的缩览图，调出选区，如图5-34所示。

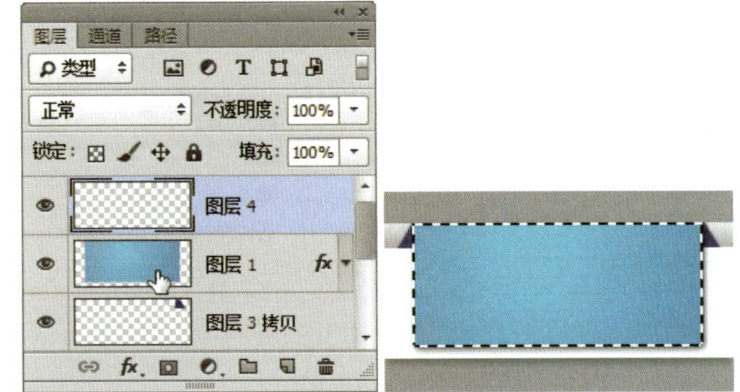

图5-33　绘制三角形　　图5-34　调出选区

09 执行菜单栏中的“编辑”→“描边”命令，打开“描边”对话框，其中的参数设置如图5-35所示。

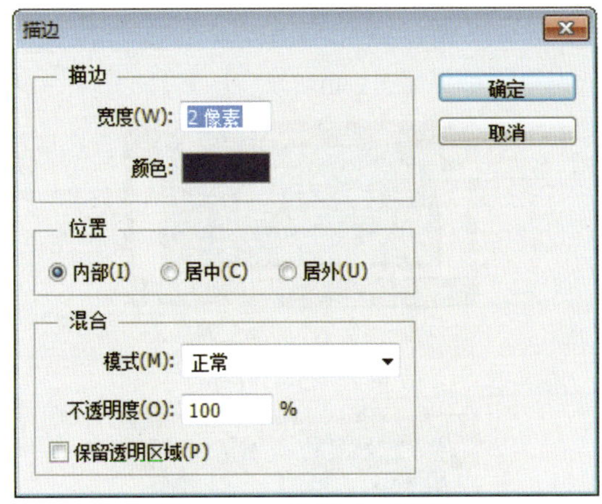

图5-35　“描边”对话框

10 设置完毕后单击“确定”按钮，效果如图5-36所示。

11 执行菜单栏中的“选择”→“修改”→“收缩”命令，打开“收缩选区”对话框，设置“收缩量”为2像素，如图5-37所示。

图5-36　描边后效果

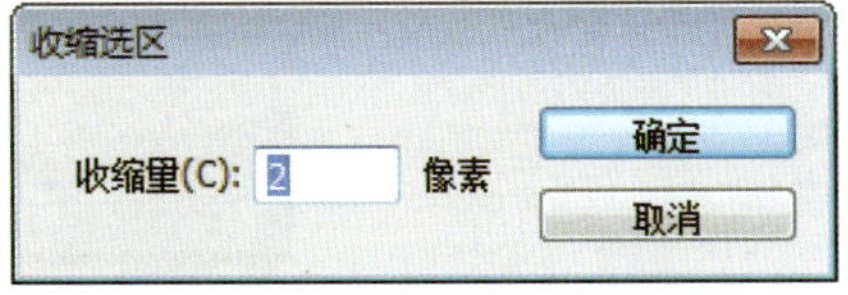

图5-37　“收缩选区”对话框

12 设置完毕后单击“确定”按钮，按Delete键删除选区内容，效果如图5-38所示。

图5-38　删除选区内容

13 按Ctrl+D组合键去掉选区，执行菜单栏中的“图层”→“图层样式”命令，选择“渐变叠加”选项，打开“渐变叠加”面板，其中的参数设置如图5-39所示。

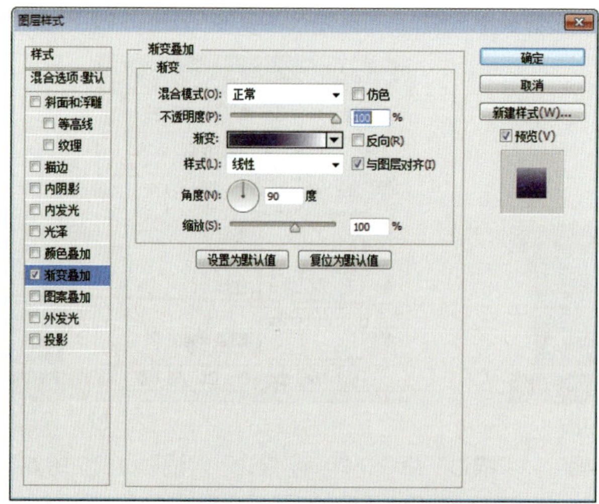

图5-39　“渐变叠加”面板

14 设置完毕后单击“确定”按钮，效果如图5-40所示。

图5-40　添加渐变叠加

15 使用T.（横排文字工具）输入文字，效果如图5-41所示。

图5-41　输入文本

16 新建一个图层，使用◯.（椭圆工具）绘制半个白色椭圆，效果如图5-42所示。

图5-42　绘制椭圆

17 按住Ctrl键单击“图层1”图层的缩览图，调出选区，按Ctrl+Shift+I组合键将选区反选，按Delete键删除选区内容，效果如图5-43所示。

图5-43　删除选区内容

18 按Ctrl+D组合键去掉选区，设置“不透明度”为27%，如图5-44所示。

图5-44　设置不透明度

19 至此，本例制作完毕，使用同样的方法制作出其他分类按钮，效果如图5-45所示。

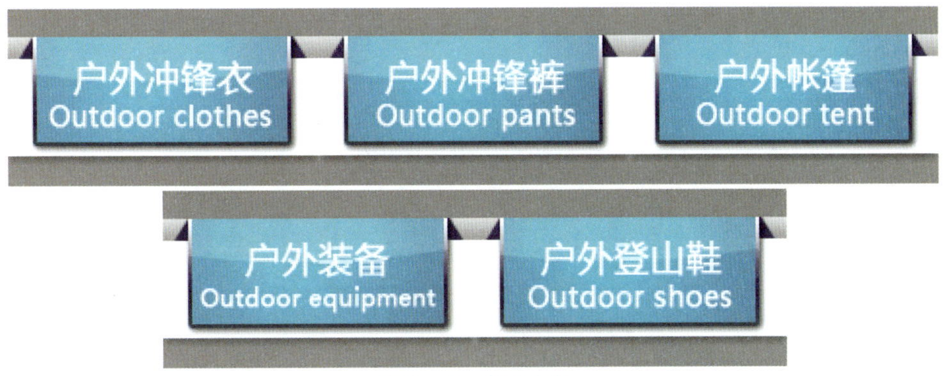

图5-45　宝贝分类

提示　在对店铺进行装修时，有时会改变宝贝分类的背景颜色，此时只要将背景隐藏，再将其储存为PNG格式就可以了，效果如图5-46所示。

图5-46　无背景的宝贝分类

5.2.3　文字效果方案设计与制作

以文字为主题进行宝贝分类的制作时，只需要将文字能够以简洁并凸显内容的形式进行设计即可，本例制作了图5-47所示的文字效果宝贝分类。

图5-47　文字效果方案设计与制作

在制作文字效果的宝贝分类时，最主要的就是凸显文字本身。下面就来讲解具体的制作步骤。

操作步骤

01 启动Photoshop，新建一个“宽度”为160像素、“高度”为50像素的空白文档，如图5-48所示。

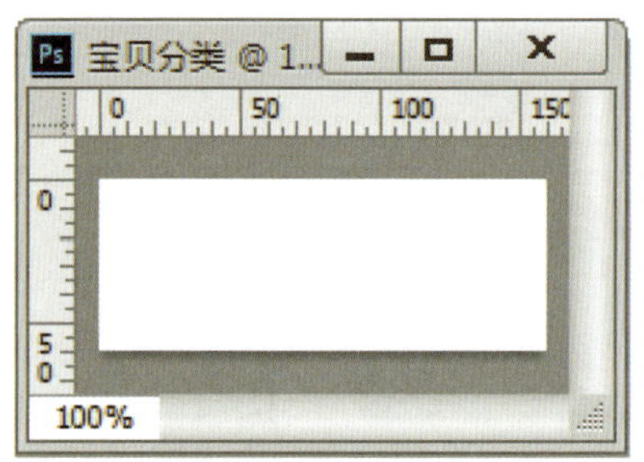

图5-48　新建空白文档

02 新建一个图层，绘制一个白色的三角形，并为其添加“投影”图层样式，如图5-49所示。

图5-49　绘制图形并添加投影

03 在左侧的白色图形上面输入文字，将文字图层做栅格化处理，擦除文字与白色图形边缘相接触的区域，如图5-50所示。

图5-50　输入文字

04 在右侧输入白色文字，至此本例制作完毕。使用同样的方法制作其他分类文字效果，如图5-51所示。

图5-51　文字效果宝贝分类

5.2.4　子分类设计与制作

子分类在设计时要与宝贝分类的特点相呼应，如配色、样式等，本例根据按钮式图像效果制作了如图5-52所示的宝贝子分类。

图5-52　子分类设计与制作

在制作子分类时，字体、色调最好与宝贝分类相一致。下面就来讲解具体的制作步骤。

操作步骤

01 启动Photoshop，新建一个“宽度”为160像素、“高度”为40像素的空白文档，如图5-53所示。

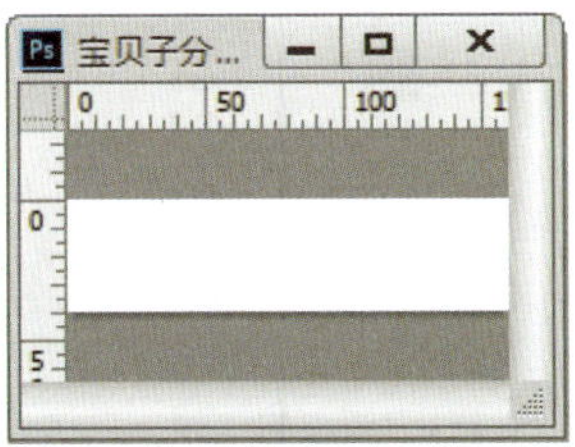

图5-53　新建空白文档

02 新建一个图层，使用（矩形选框工具）绘制一个矩形，再使用（渐变工具）从上向下拖动鼠标填充“从淡青色到深青色”的径向渐变色，如图5-54所示。

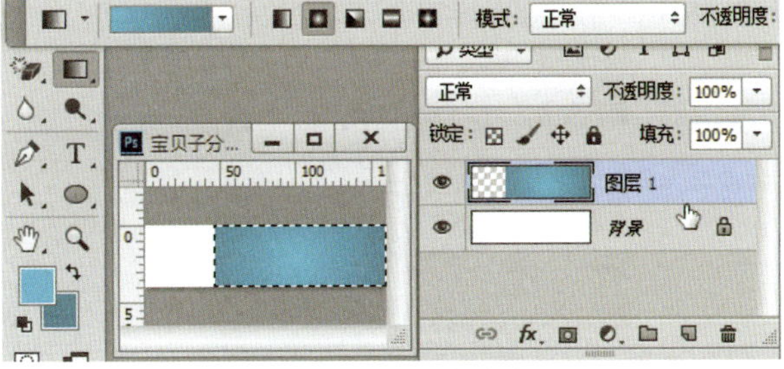

图5-54　填充渐变色

03 新建一个图层，使用 (自定义形状工具) 在文档中绘制箭头，如图5-55所示。

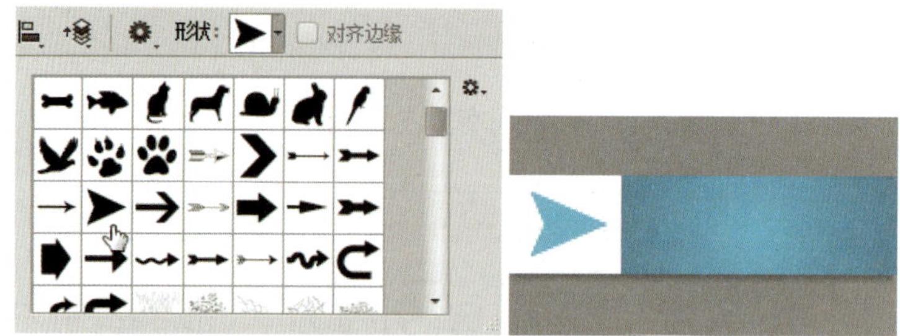

图5-55　绘制自定义图形

04 按住Ctrl键单击“箭头”所在图层的缩览图，调出选区后，使用 (渐变工具) 从上向下拖动鼠标，填充“从淡青色到深青色”的径向渐变色，效果如图5-56所示。

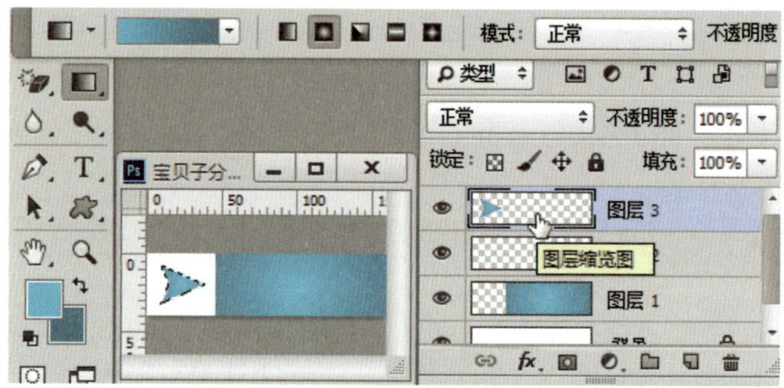

图5-56　填充渐变

05 按Ctrl+D组合键去掉选区，执行菜单栏中的“图层”→“图层样式”命令，分别选择“内阴影”和“投影”选项，打开相应的面板，其中的参数设置如图5-57所示。

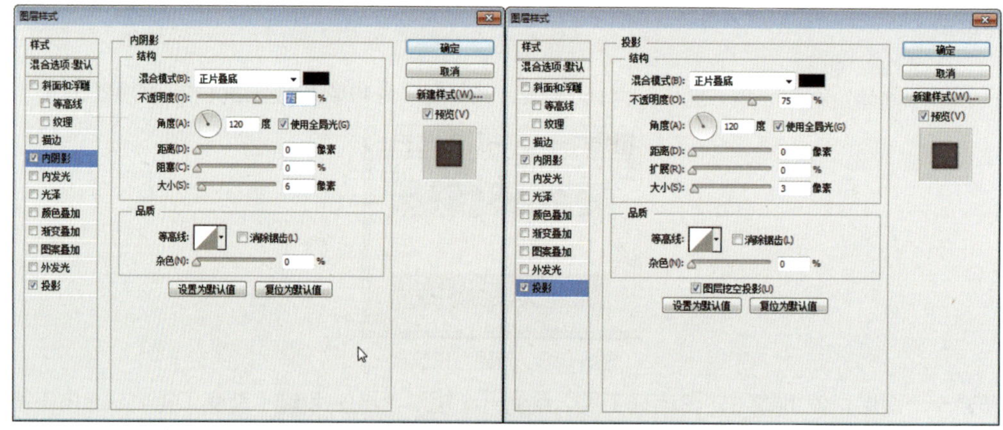

图5-57　设置图层样式

06 设置完毕后单击“确定”按钮，效果如图5-58所示。

图5-58　添加图层样式效果

07 新建一个图层，使用（椭圆工具）绘制一个白色椭圆，效果如图5-59所示。

图5-59　绘制椭圆

08 按住Ctrl+Shift组合键单击“图层1”和“图层2”图层的缩览图，调出两个图层合并后的选区，按Ctrl+Shift+I组合键将选区反选，按Delete键删除选区内容，效果如图5-60所示。

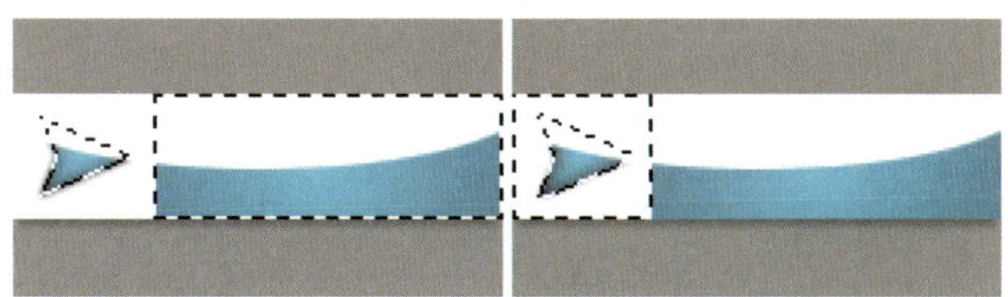

图5-60　清除选区

09 按Ctrl+D组合键去掉选区，设置“不透明度”为27%，如图5-61所示。

图5-61　设置不透明度

10 至此，本例制作完毕，使用同样的方法制作其他子分类按钮，效果如图5-62所示。

图5-62　宝贝子分类

根据文字效果对宝贝分类进行调整，可以制作出如图5-63所示的子分类。

图5-63　子分类

第6章 店铺公告模板设计与制作

本章重点

- 横幅公告模板设计与制作
- 直幅公告模板设计与制作
- 为制作的模板创建切片

在淘宝网上做生意竞争是非常激烈的，如何能让买家主动掏钱买商品是每个卖家的心愿，在店铺中为了增加销量，店主会想出很多促销方案，用以激发买家的购买欲望。

如何才能让买家浏览网店时知道本店的促销活动呢？最好的方式就是宣传。宣传的方式很多，一种是直接在自定义区域输入文字。优点是内容醒目、直接，缺点是将整个店铺的装修毁于一旦。另一种是直接将促销文字与图像相结合以图像的方式出现在自定义区域中。优点是可以兼顾网店的装修设计，缺点是更换图像不是很便利。再有一种就是以公告文字的动态形式出现在自定义区域，优点是直观、醒目、内容替换方便，缺点是需要代码支持。店铺公告可以让买家直接了解本店的商业活动。

6.1 横幅公告模板设计与制作

横幅公告在网店中通常以宽度为950像素和750像素的形式出现，如图6-1所示。横幅公告在网店中以宽视屏、大视野的特点进行展示，可以让买家更容易知道本店最近的商业活动。要想将公告随时进行改变，就需要为其制作一个背景模板，上面的文字只要在网店后台进行输入就可以了。

图6-1　横幅店铺公告

6.1.1　950 像素店铺公告模板的制作

将店铺公告设置为直幅950像素的主要目的就是让店铺中的活动内容更加明显，从而引起买家的注意。如果只是将其设置为单纯的文本，那么在视觉吸引方面就会让此活动或店铺调整变得比较隐蔽，这样的店铺活动就不会引起买家的注意，也就失去了公告本身的作用。如果将文案与图像进行创意设计，那么起码会在视觉方面引起浏览者的注意。在制作此模板时只要将需要出现的文本区域空出来，就可以随时更改文本内容。

本例中以图像和文字空白区域相结合的方式制作了图6-2所示的950像素店铺公告模板效果。在设计时要考虑人们在网店中从上向下、从左到右的浏览习惯。

图6-2　950像素店铺公告模板

店铺公告就是为了让买家看到，950像素店铺公告更加具备这个优点，本例在图像左侧放置了需要后台输入的文本，右侧是图像，用来使整个公告更加吸引买家注意，图像中的圆角三角形使画面更具有动感。下面就来讲解具体的制作步骤。

操作步骤

01 打开Photoshop软件，新建一个“宽度”为950像素、“高度”为400像素的空白文档，移入“模特”素材，执行菜单栏中的“编辑”→“内容识别比例”命令，将图像拉宽，再在左侧绘制一个白色圆角矩形，如图6-3所示。

图6-3　移入素材并绘制圆角矩形

02 按住Ctrl键单击圆角矩形所在图层的缩览图，调出选区后新建图层，将选区填充“黑色”，按Ctrl+D组合键去掉选区，执行菜单栏中的“滤镜”→“模糊”→“高斯模糊”命令，打开“高斯模糊”对话框，设置“半径”为3.9像素，单击“确定”按钮，效果如图6-4所示。

图6-4　填充选区并应用高斯模糊

03 使用（椭圆选框工具）设置“羽化”为10像素，绘制椭圆选区，按Delete键删除选区内容，再删除另外三边，效果如图6-5所示。

图6-5 删除羽化选区内容

04 使用（椭圆工具）绘制正圆，复制3个副本，再绘制4个小一点儿的正圆，效果如图6-6所示。

图6-6 复制正圆

05 在正圆上输入文字“店铺公告”，再为后面的正圆添加一个投影，效果如图6-7所示。

图6-7 输入文字

06 使用（多边形工具）绘制一个橘色圆角三角形，设置“混合模式”为“点光”，“不透明度”为48%，效果如图6-8所示。

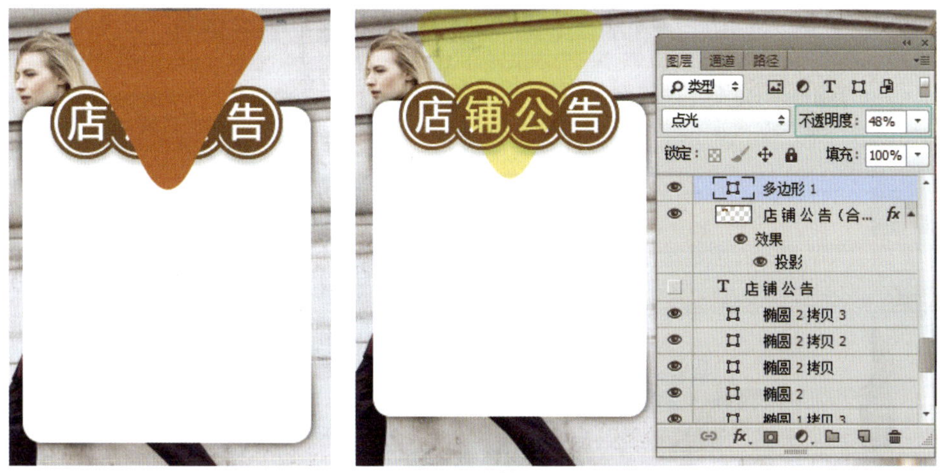

图6-8　绘制图形

07 复制圆角三角形，调整大小和位置，再将“店铺公告”文字上面的圆角三角形的颜色调整为白色，如图6-9所示。

图6-9　复制圆角三角形并修改颜色

08 在图像中无序地复制一些圆角三角形，并随时调整其大小和方向，如图6-10所示。

图6-10　复制图形

09 在圆角三角形上输入“店铺公告”的英文文字。至此，本例制作完毕，效果如图6-11所示。

图6-11　950像素店铺公告模板

6.1.2　750像素店铺公告模板的制作

750像素店铺公告模板同样是为了告诉买家本店最近的活动内容。在制作时要考虑此模板放置的位置，750像素店铺公告仍然属于横幅范畴，所以将其制作成了图6-12所示的效果。在应用时要考虑文字向左还是向右进行滚动出现。

店铺公告

图6-12　750像素店铺公告模板

在制作时针对的是户外商品，所以选择冷色调，左侧文字和小喇叭起到提示买家注意的作用，右面是模板中在网店后台显示的文字。下面就来讲解具体的制作步骤。

操作步骤

01 启动Photoshop，新建一个“宽度”为750像素、“高度”为45像素的空白文档。

02 将前景色设置为“青色”，背景色设置为“淡青色”。使用（渐变工具）在文档上面向下拖动，填充“从前景色到背景色”的线性渐变，此时背景如图6-13所示。

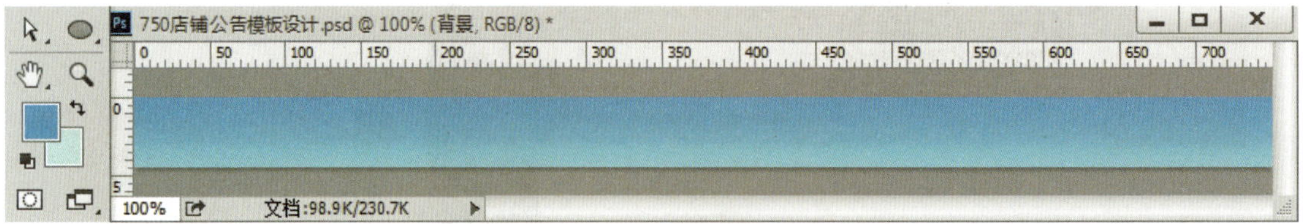

图6-13　填充渐变色

03 选择（圆角矩形工具），在属性栏中设置“填充”为“白色”、“描边”为“无”、“半径”为5像素，在文档中绘制圆角矩形，如图6-14所示。

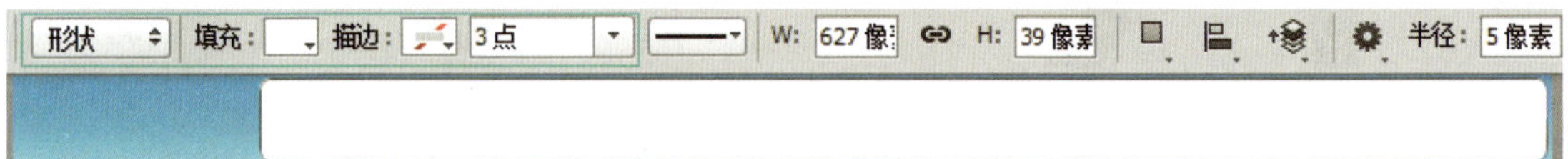

图6-14　绘制圆角矩形

04 执行菜单栏中的“图层”→“图层样式”命令，选择“内阴影”选项，打开“内阴影”面板，为其添加图6-15所示的内阴影。

图6-15　添加内阴影

05 在公告的左侧选择与之对应的文字字体后，输入黑色文字“店铺公告”，效果如图6-16所示。

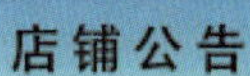

图6-16　输入文字

06 选择 （自定义形状工具），在“形状拾色器”中选择“音量”，如图6-17所示。

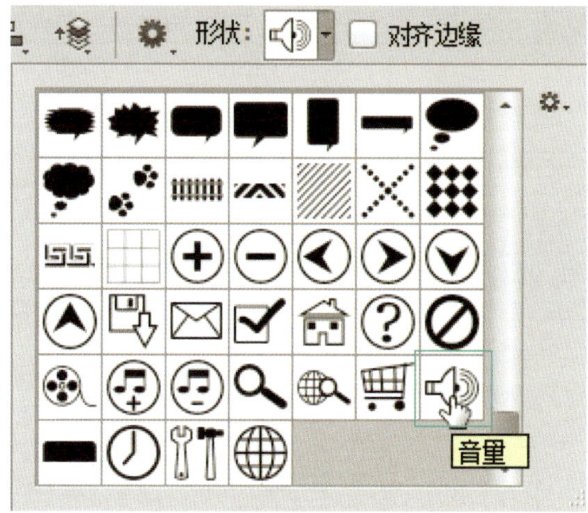

图6-17　选择形状

07 使用 （自定义形状工具）绘制选择的形状，效果如图6-18所示。

图6-18　绘制后的效果

08 为了更好地吸引买家注意，这里可以将左侧的小喇叭制作成闪烁效果。执行菜单栏中的“窗口”→“时间轴”命令，打开“时间轴”面板，如图6-19所示。

图6-19　“时间轴”面板

09 在“图层”面板中选择“形状1”图层，如图6-20所示。

10 在“时间轴”面板中单击“复制当前帧”按钮，得到一个第二帧，如图6-21所示。

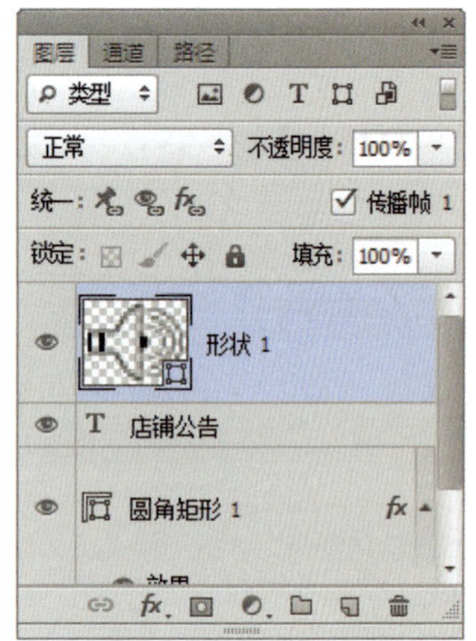

图6-20 “图层”面板

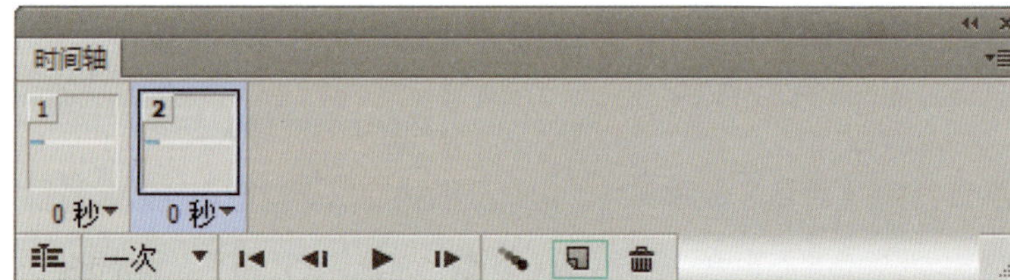

图6-21 “时间轴”面板

11 选择第二帧，在“图层”面板中将“形状1”图层隐藏，如图6-22所示。

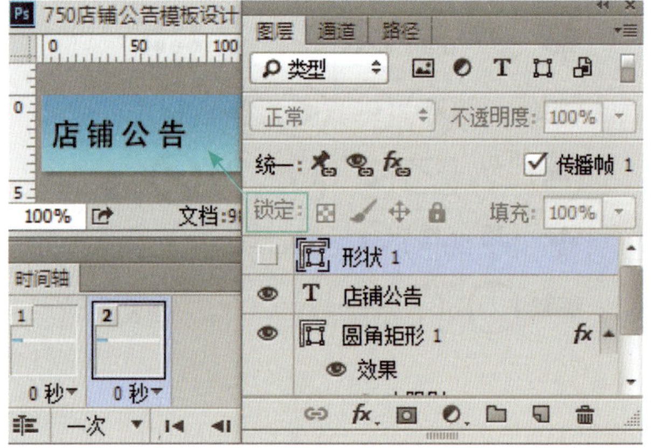

图6-22 隐藏“形状1”图层

12 在“时间轴”面板中将“选择延迟帧时间”设置为0.2、“选择循环选项”设置为“永远”，如图6-23所示。

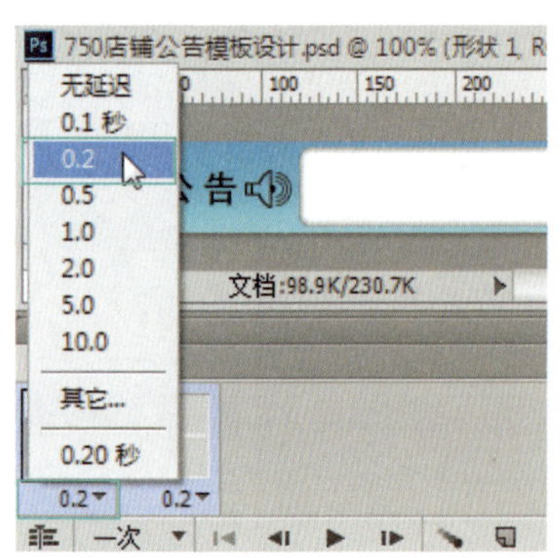

图6-23 设置时间

13 此时动画制作完毕，执行菜单栏中的“文件”→“存储为Web所用格式”命令，打开“存储为Web所用格式”对话框，参数设置如图6-24所示。

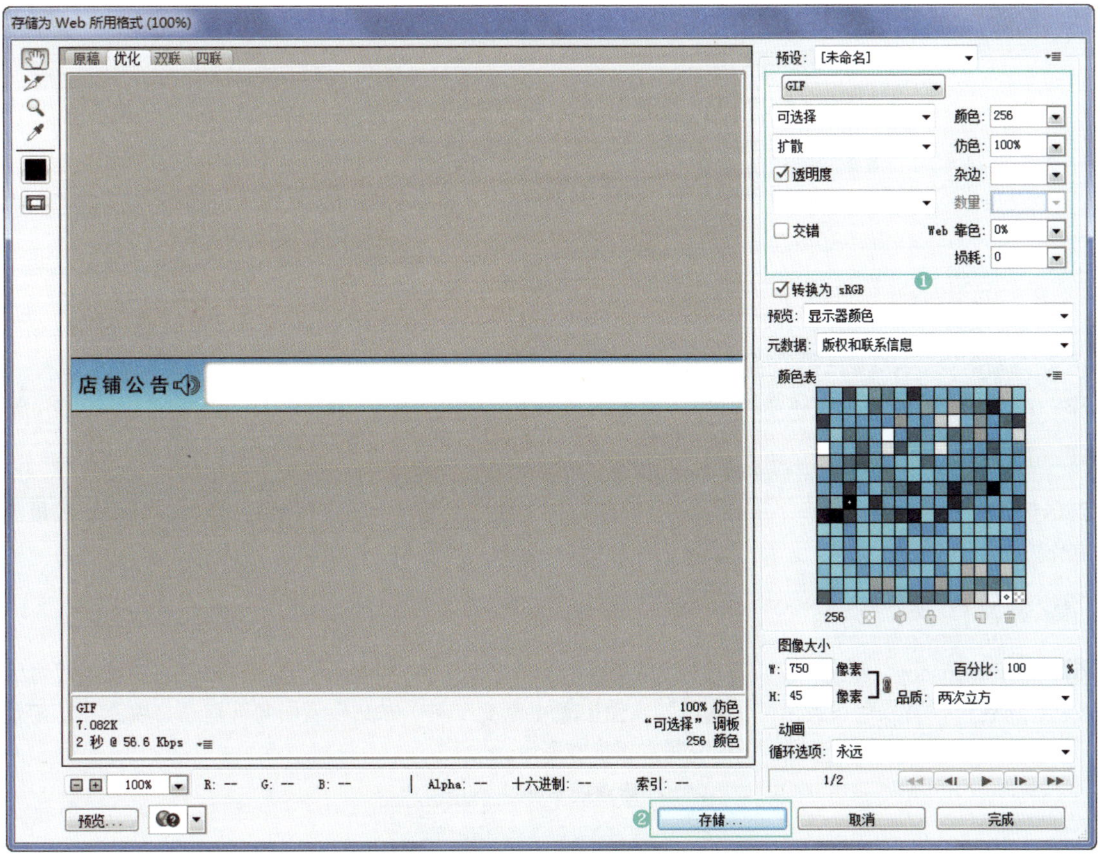

图6-24　“存储为Web所用格式”对话框

14 设置完毕后单击“存储”按钮，弹出“将优化结果存储为”对话框，选择存储路径、设置名称，如图6-25所示。

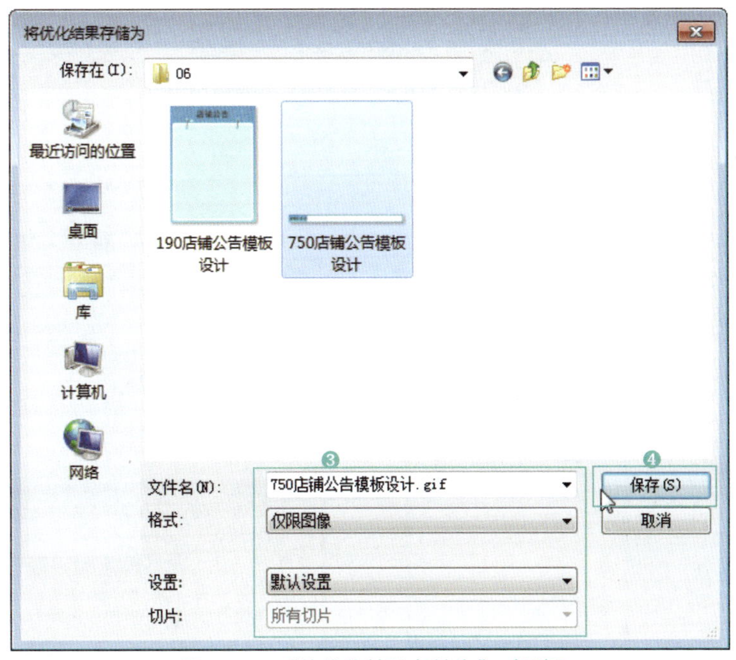

图6-25　“将优化结果存储为”对话框

15 设置完毕后单击“保存”按钮，此时750像素店铺模板设计完毕，预览效果如图6-26所示。

图6-26　预览效果

6.2　直幅公告模板设计与制作

直幅公告在网店中通常以宽度为190像素的形式出现。直幅公告在网店中占据的空间比较小，所以尽量让文字部分占大面积。下面以户外的店铺作为装修对象，为大家讲解190像素店铺公告模板的制作方法，具体操作如下。

操作步骤

01 启动Photoshop，新建一个“宽度”为190像素、“高度”为250像素的空白文档。将前景色设置为“青色”，背景色设置为“淡青色”，使用（渐变工具）在文档上面向下拖动，填充“从前景色到背景色”的线性渐变，此时背景如图6-27所示。

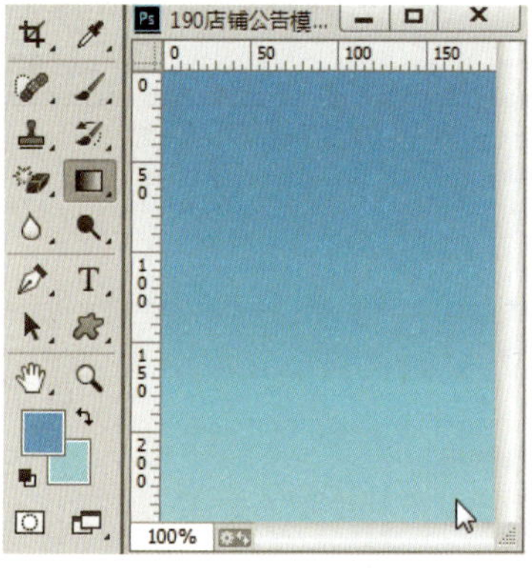

图6-27　填充渐变色

02 选择（圆角矩形工具），在属性栏中设置“填充”为“白色”、“描边”为“无”、“半径”为5像素，在文档中绘制圆角矩形，再将“填充”设置为“淡橘色”，绘制一个小一点儿的圆角矩形，如图6-28所示。

图6-28　绘制圆角矩形

03 使用（椭圆工具）在交界处绘制4个正圆，如图6-29所示。

图6-29　绘制正圆

04 使用（矩形工具）绘制两个深灰色的矩形，将其移到上下圆之间，如图6-30所示。

图6-30　绘制矩形

05 选择自己喜欢的文字字体，在上面输入文字“店铺公告”。至此，本例制作完毕，效果如图6-31所示。

图6-31　最终效果

6.3　为制作的模板创建切片

对于Dreamweaver的初学者来说，将其与淘宝后台相结合制作店铺公告，最好的办法就是创建切片并导出切片图，这样可以免去再次调整表格的麻烦，模板创建完毕后，只要通过Photoshop就可以快速创建切片，并生成html格式的文件，具体操作如下。

操作步骤

01 启动Photoshop，打开“950店铺公告模板”，使用（切片工具）在“店铺公告”的文字下面拖曳出一个矩形框，此时就会将其变为切片，其他区域也会显示出切片标签，如图6-32所示。

图6-32 创建切片

02 切片创建完毕后，执行菜单栏中的“文件”→“存储为Web所用格式”命令，在“存储为Web所用格式”对话框中设置切片，如图6-33所示。

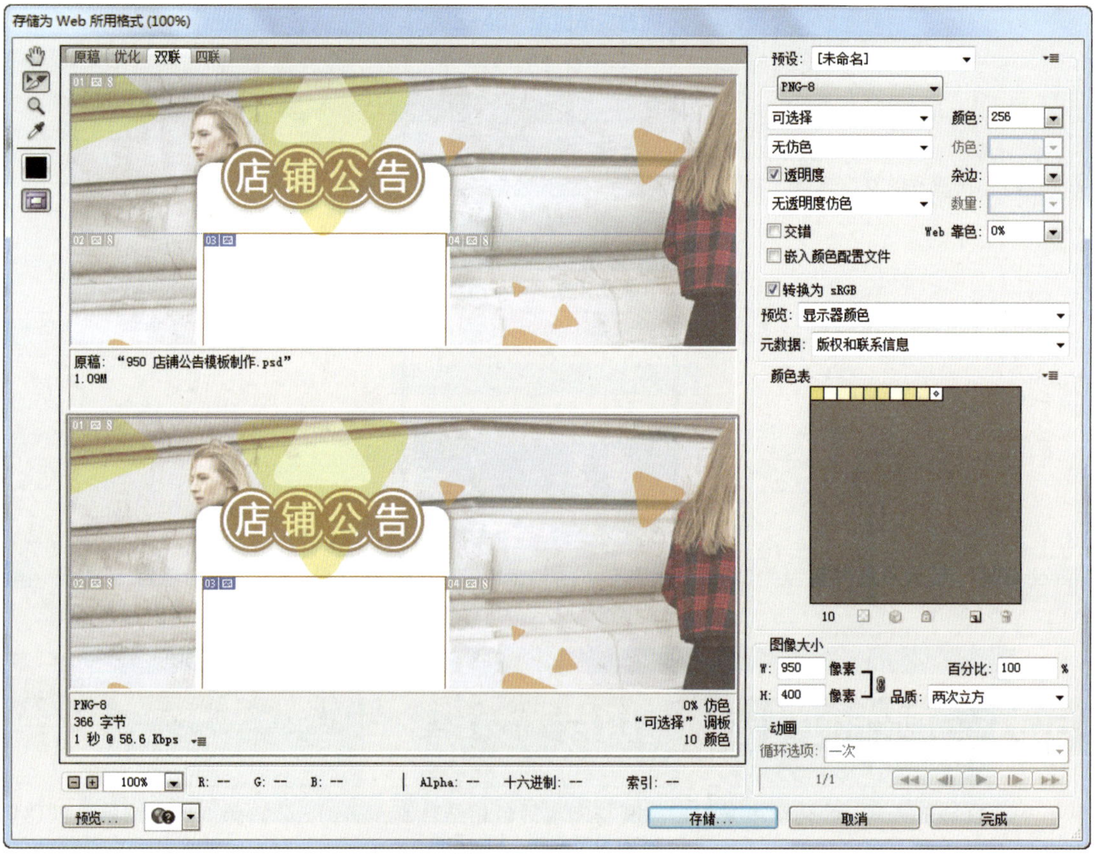

图6-33 “存储为Web所用格式”对话框

03 设置完毕后单击“存储”按钮，打开“将优化结果存储为”对话框，设置如图6-34所示。

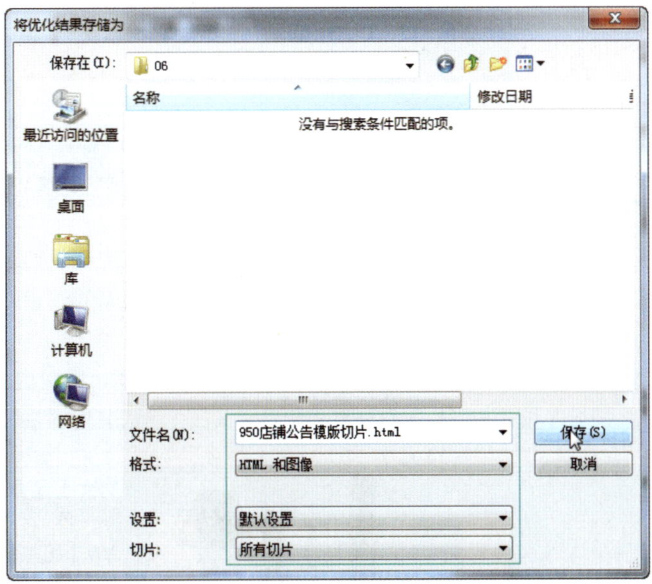

图6-34 “将优化结果存储为”对话框

04 设置完毕后，单击“保存”按钮，存储后的结果如图6-35所示。

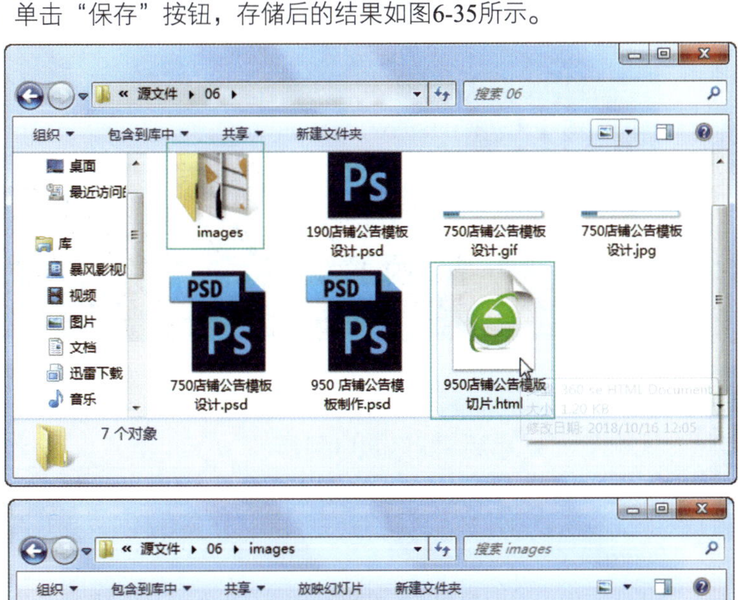

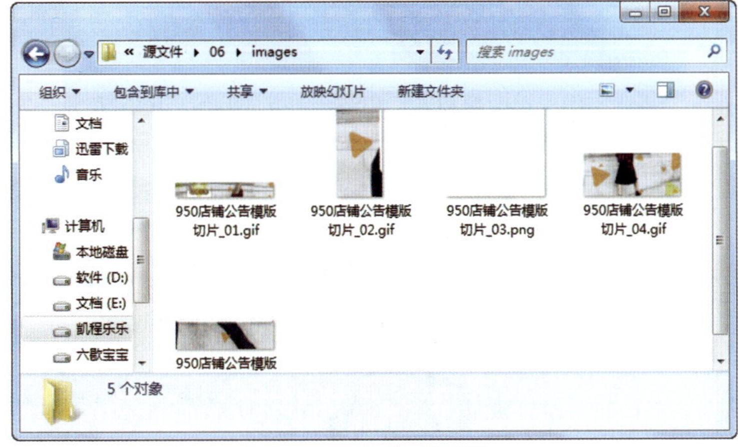

图6-35 存储后的结果

第7章 店铺收藏与客服应用

网店中的店铺收藏起到的作用是把喜欢的店铺收藏起来，想买东西时只要在店铺收藏中找到本店就可以了，既快捷又方便；网店中的客服可以与买家进行售前和售后的咨询服务。

7.1 店铺收藏设计与制作

在淘宝网店中之所以会在左侧添加醒目的店铺收藏，主要有两个原因：一是淘宝系统的收藏按钮过小，不利于引起买家的注意；二是店铺的收藏人气会影响店铺的排名。

既然店铺收藏设置意义在于引起买家的注意，吸引更多的人自愿收藏店铺，那么在设计与制作时首先要求醒目，其次才考虑其他的事项，如图7-1所示。

图7-1 店铺收藏

7.1.1 宽幅店铺收藏的制作

宽幅的店铺收藏可以非常醒目地进行显示，可以将其宽度设置为950像素和750像素。

本例中以图像和文字相结合的方式制作了图7-2所示的750像素店铺收藏效果。在设计时要考虑到突出文本显示主题内容。

图7-2 750像素店铺收藏效果

本章重点

- 店铺收藏设计与制作
- 客服图片设计与制作

店铺收藏的目的就是让买家快速找到收藏端口，将此店铺收藏起来，宽幅店铺收藏更加具备这个优点。本例在图像背景处放置花朵，在左侧放置了一位购物收获颇丰的美女，以此代表本店的丰富商品，右侧以文字结合圆形图形的方式凸显出本图像是用来进行店铺收藏的。下面就来讲解具体的制作步骤。

操作步骤

01 打开Photoshop软件，新建一个“宽度”为750像素、“高度”为260像素的空白文档，移入“售后背景01”和“模特”素材，调整其位置和大小，如图7-3所示。

图7-3　新建文档并移入素材

02 新建一个图层，使用（椭圆选框工具）在文档中绘制正圆选区，将前景色设置为“黄绿色”，背景色设置为“绿色”，使用（渐变工具）在文档中间向外拖动，填充“从前景色到背景色”的径向渐变，如图7-4所示。

图7-4　填充渐变

03 渐变填充完成后，执行菜单栏中的“滤镜”→“杂色”→“添加杂色”命令，打开“添加杂色”对话框，其中的参数设置如图7-5所示。

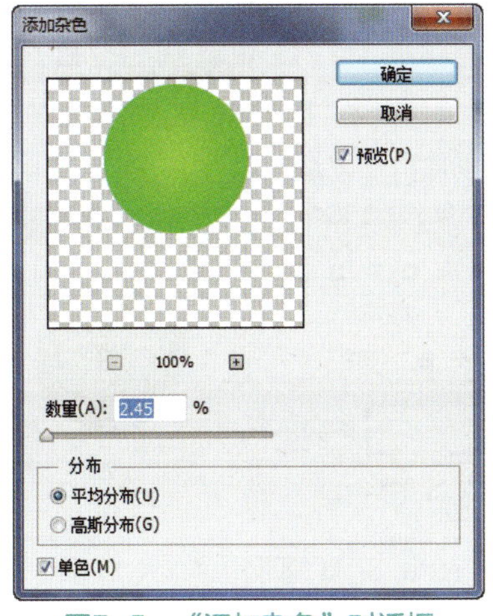

图7-5　“添加杂色”对话框

04 设置完毕后单击“确定”按钮，效果如图7-6所示。

图7-6　添加杂色效果

05 按Ctrl+D组合键将选区去掉，使用（钢笔工具）绘制路径后，按Ctrl+Enter组合键转换成选区，填充“白色”，设置“不透明度”为25%，效果如图7-7所示。

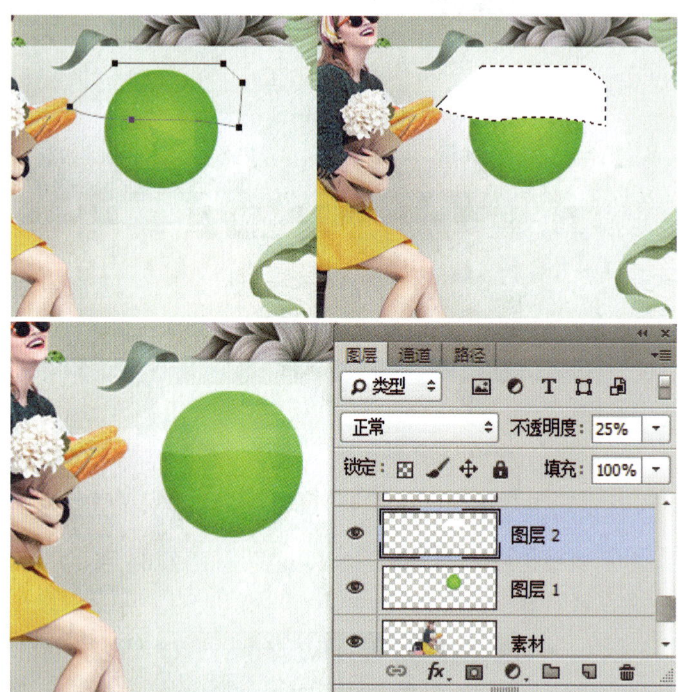

图7-7　填充并设置不透明度

06 执行菜单栏中的“图层”→“创建剪贴蒙版”命令，按Ctrl+E组合键向下合并，如图7-8所示。

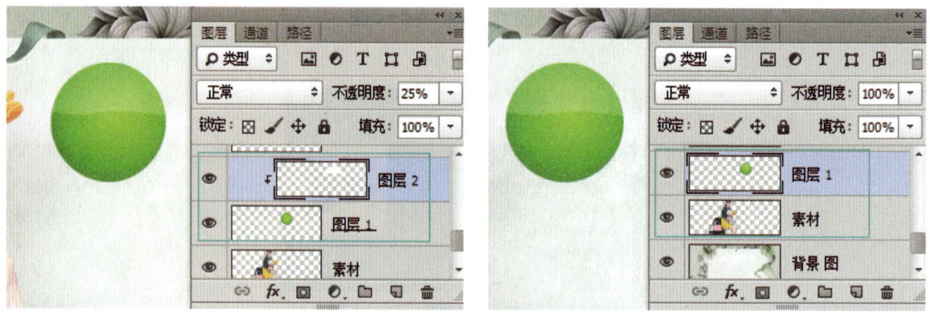

图7-8　剪贴蒙版并合并图层

07 执行菜单栏中的“图层”→“图层样式”命令，选择“描边”选项，打开“描边”面板，其中的参数设置如图7-9所示。

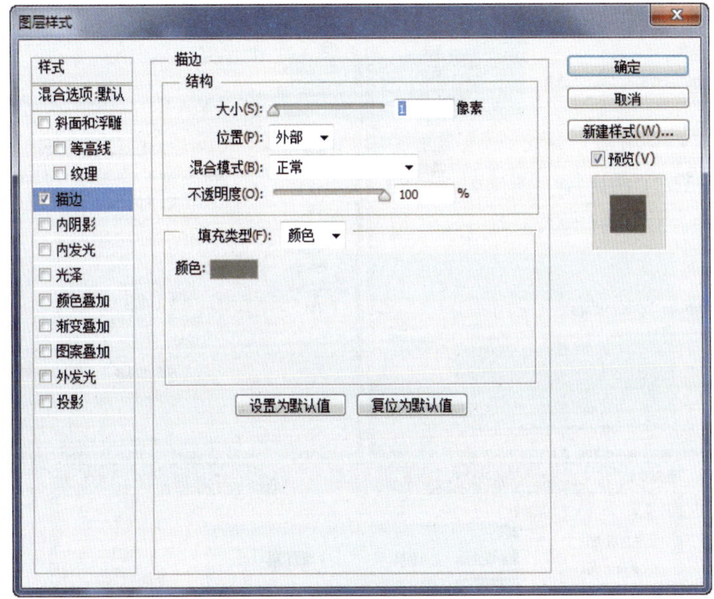

图7-9　“描边”面板

08 设置完毕后单击“确定”按钮，效果如图7-10所示。

09 使用同样的方法在下面制作两个小一点儿的渐变正圆，在上面绘制绿色直线，在相连接的位置进行加深处理，如图7-11所示。

图7-10　添加描边

图7-11　制作圆球

10 在每个球上输入不同颜色的文字，如图7-12所示。

图7-12　输入文字

11 执行菜单栏中的“图层”→“图层样式”命令，选择“描边”“外发光”和“投影”选项，分别打开“描边”“外发光”和“投影”面板，其中的参数设置如图7-13所示。

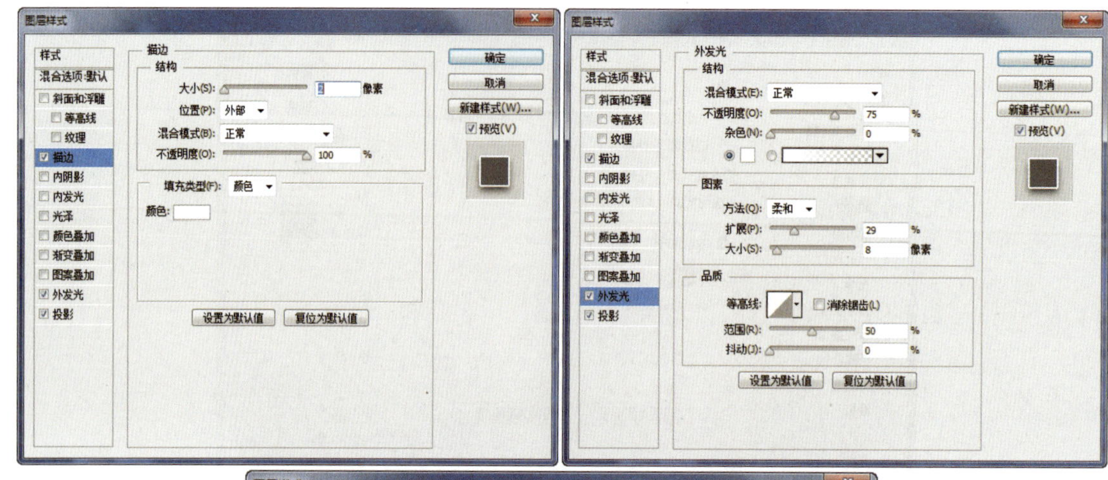

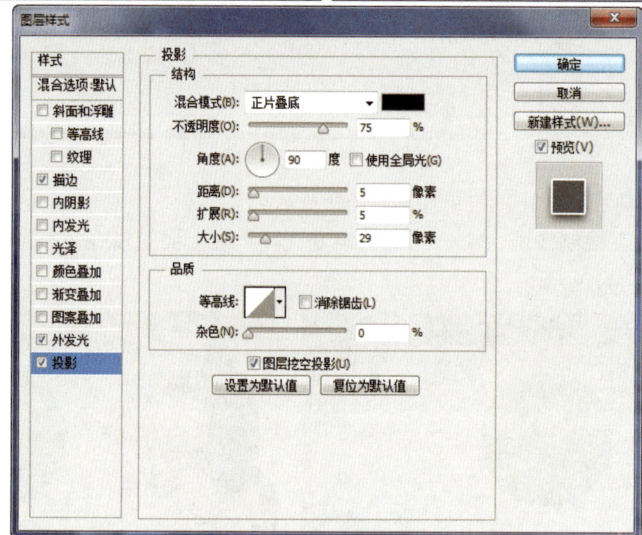

图7-13 设置图层样式

12 设置完毕后单击“确定”按钮，效果如图7-14所示。

图7-14 添加样式

13 再输入英文，同样添加图层样式。至此，本例制作完毕，效果如图7-15所示。

图7-15　最终效果

7.1.2　窄幅店铺收藏的制作

窄幅店铺收藏通常会应用到网店布局中的宽度为190像素区域内。本例中以图像和文字相结合的方式制作了图7-16所示的190像素店铺收藏效果。在设计时要考虑到使用文本与背景相结合来凸显内容。

图7-16　窄幅店铺收藏效果

在制作时可以将文本设置为3种不同的颜色，但是颜色的饱和度不要太高。下面就来讲解具体的制作步骤。

操作步骤

01 启动Photoshop软件，新建一个“宽度”为190像素、“高度”为110像素的空白文档。打开一张人像素材，将其移动到店铺收藏文档中，并调整大小与位置，如图7-17所示。

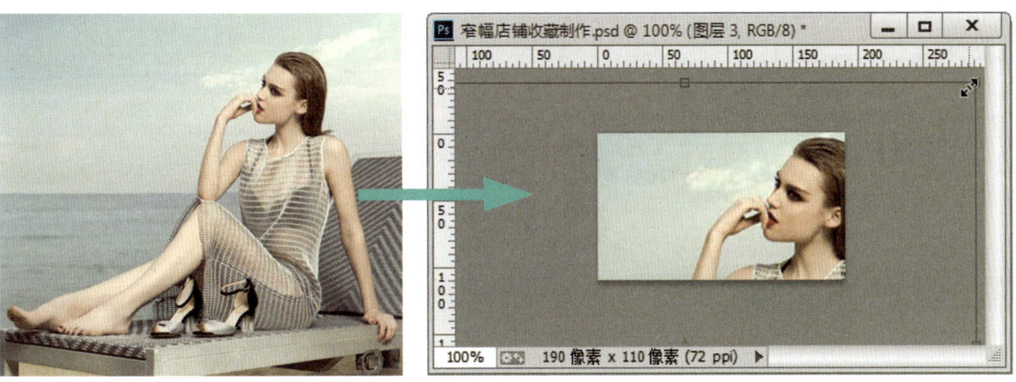

图7-17　移入素材并调整

02 按Enter键确定后，使用T（横排文字工具）在文档的左部偏下位置输入不同颜色的文字，如图7-18所示。

图7-18 输入文字

03 执行菜单栏中的“图层”→“图层样式”命令，选择“描边”“外发光”选项，分别打开“描边”和“外发光”面板，参数设置如图7-19所示。

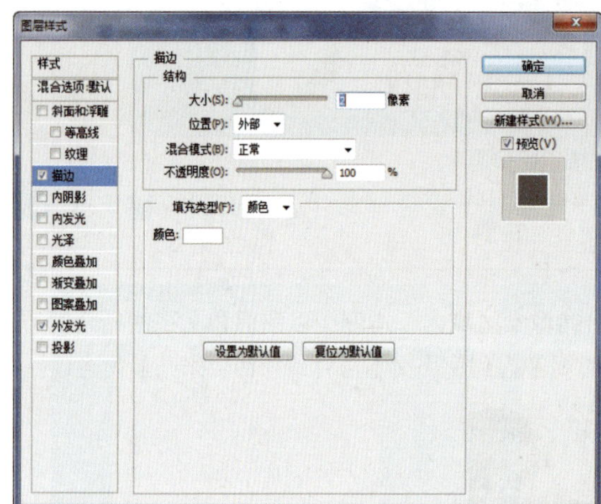

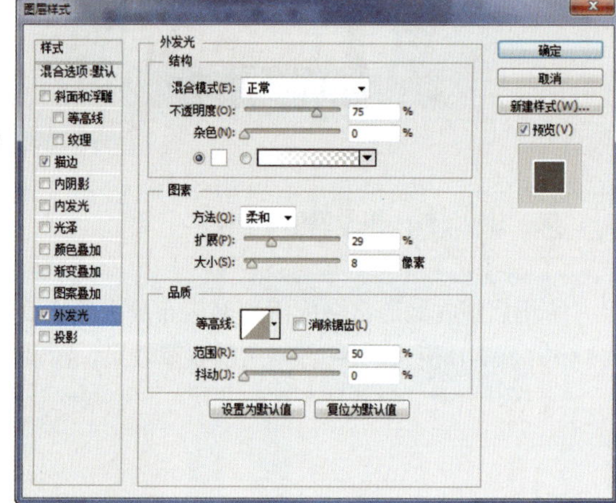

图7-19 设置图层样式

04 设置完毕后单击“确定”按钮。至此，本例制作完毕，效果如图7-20所示。

图7-20 窄幅店铺收藏

7.2 客服图片设计与制作

对于淘宝店铺中的销量，除了商品本身以外，服务同样占有非常大的比例，只有服务上去了，回头客才会再次光顾您的店铺，一张好的联系方式图片，会给买家一种非常认真负责的卖家态度。

客服图片可以按照店铺的设计类型选择放置的位置，可以是单独的标准通栏的长度，也可以随左侧或右侧广告促销宣传图片一同出现，如图7-21所示。

图7-21　客服图片

7.2.1　宽幅客服图像设计与制作

宽幅的店铺客服图像优点是可以非常醒目地显示在网店中，可以将其宽度设置为950像素和750像素。

本例中以左侧图形结合右侧文字和图像的方式制作了图7-22所示的宽幅客服图像效果。下面就来讲解具体的制作步骤。

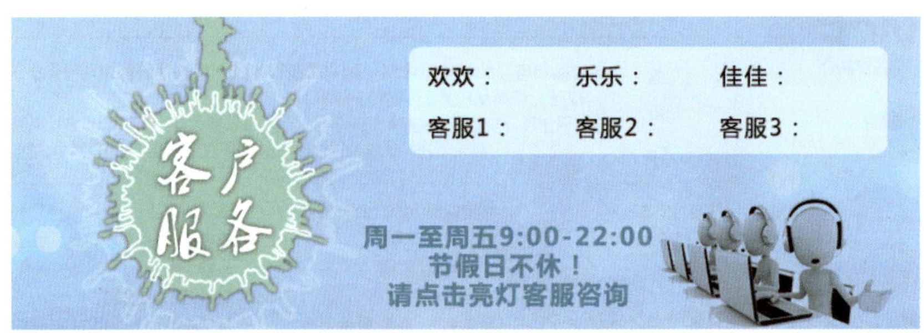

图7-22　宽幅客服图像

操作步骤

01 启动Photoshop，新建一个“宽度”为750像素、“高度”为250像素的空白文档。移入“宽幅客服背景”素材，此时背景如图7-23所示。

图7-23　新建空白文档并移入素材

02 新建一个图层，设置前景色为（R:155 G:214 B:208），使用（画笔工具）在页面中绘制画笔，如图7-24所示。

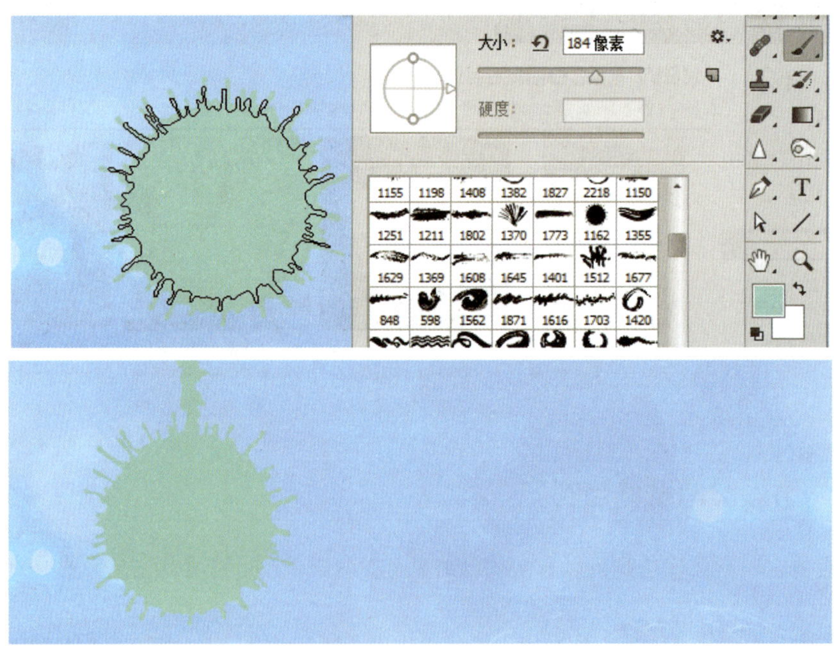

图7-24　绘制画笔

03 按住Ctrl键单击圆形画笔所在的图层缩览图，调出选区后新建图层，执行菜单栏中的“编辑”→“描边”命令，在打开的“描边”对话框中，设置“位置”为“居中”，“颜色”为“白色”，“宽度”为2像素。描边后的效果如图7-25所示。

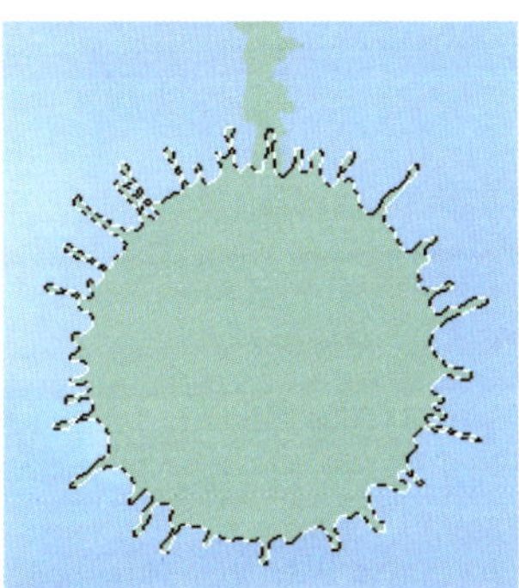
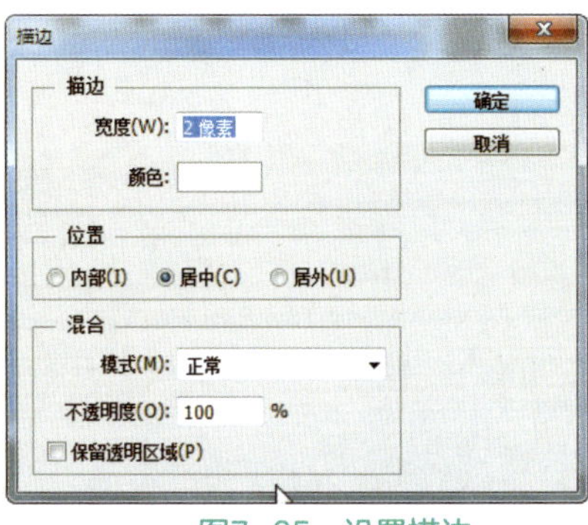

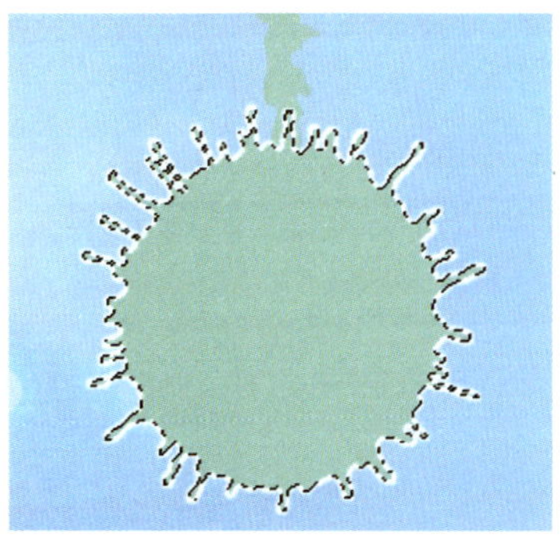

图7-25　设置描边

04 按Ctrl+D组合键去掉选区，按Ctrl+T组合键调出变换框，将图像缩小，按Enter键完成变换，如图7-26所示。

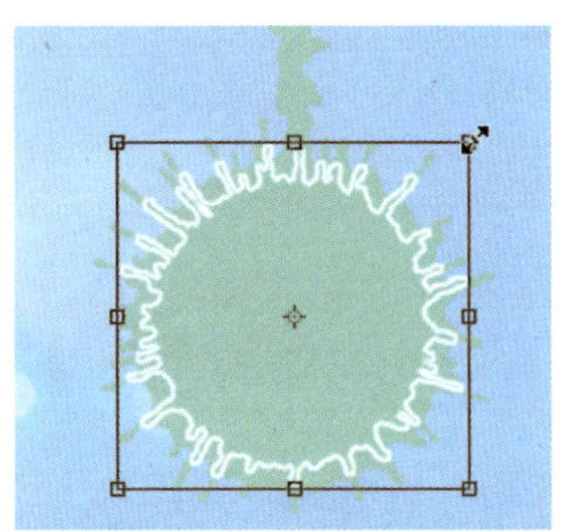
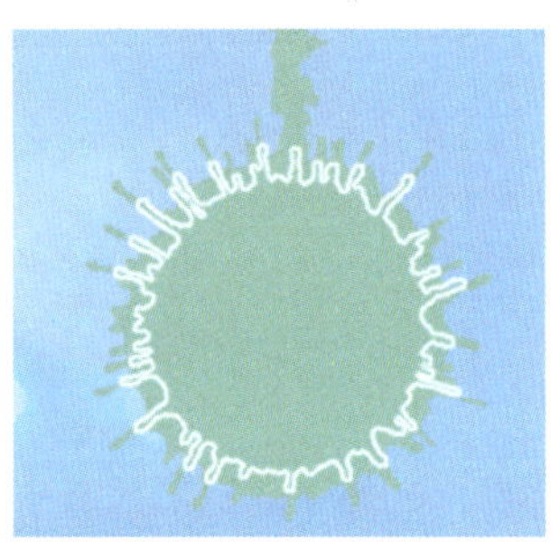

图7-26　调整变换

05 复制描边图像，将其调整得大一点儿，调整不透明度，效果如图7-27所示。

图7-27　调整不透明度

06 将画笔绘制的笔触合并到一个图层中，为其添加投影，效果如图7-28所示。

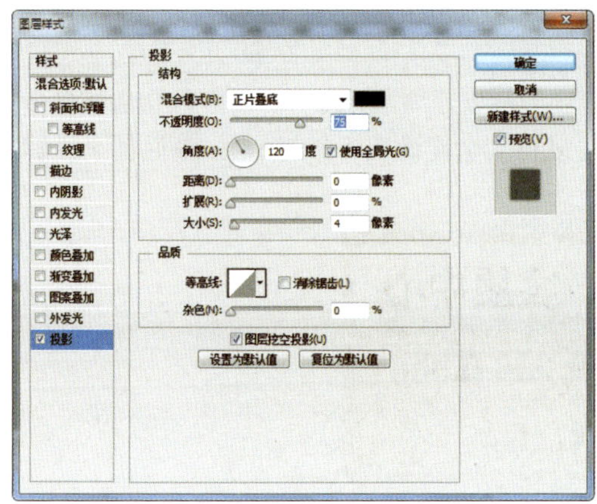

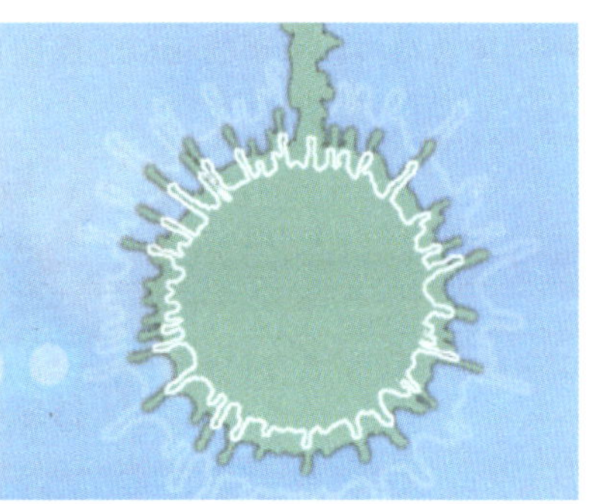

图7-28　合并图层并添加投影

07 输入白色文字，为其添加投影，效果如图7-29所示。

图7-29 输入文字并添加投影

08 移入客服图标素材，设置“混合模式”为“正片叠底”，效果如图7-30所示。

图7-30 移入素材并设置

09 绘制白色圆角矩形，降低一点儿不透明度，在上面输入黑色文本。至此，本例制作完毕，效果如图7-31所示。

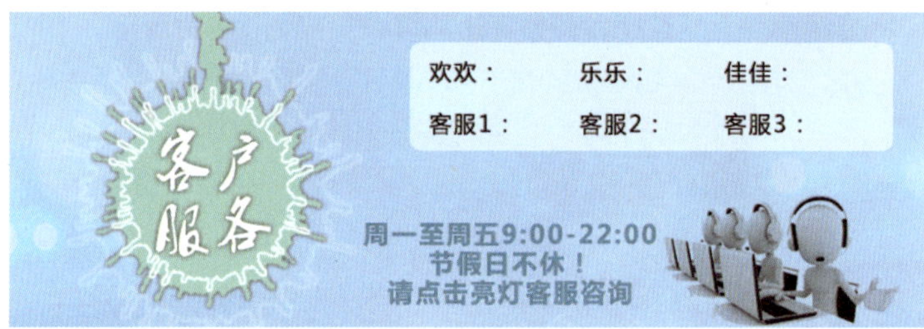

图7-31 宽幅客服图像

7.2.2 窄幅客服图像设计与制作

窄幅的店铺客服图像优点是可以不占用设计区的位置，如图7-32所示，并且比店铺自带的收藏按钮要大很多、醒目很多，窄幅的店铺客服图像可以将其宽度设置为190像素。下面就来讲解具体的制作步骤。

图7-32 窄幅客服图像

操作步骤

01 启动Photoshop，新建一个“宽度”为190像素、“高度”为110像素的空白文档，将前景色设置为“橘色”，背景色设置为“淡橘色”，使用▣（渐变工具）在文档上面向下拖动填充“从前景色到背景色”的线性渐变，此时背景如图7-33所示。

02 移入“箭头”素材，并将其移动到新建文档中，如图7-34所示。

03 使用T（横排文字工具）选择比较正式一点儿的文字字体，在文档中相应位置输入文字，如图7-35所示。

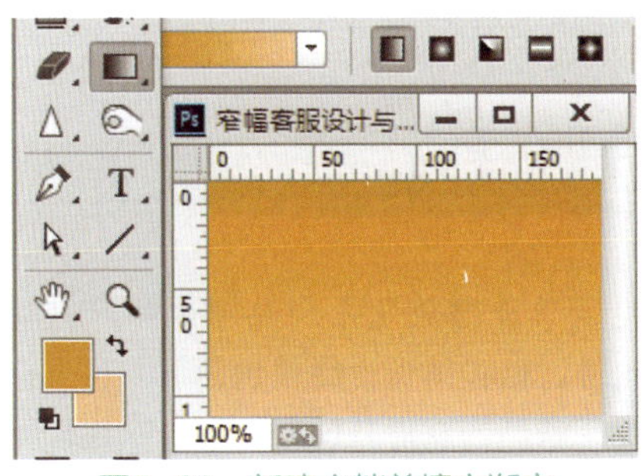

图7-33　新建文档并填充渐变

图7-34　移入素材

图7-35　输入文字

04 执行菜单栏中的“图层”→“图层样式”命令，选择“渐变叠加”“投影”选项，分别打开“渐变叠加”和“投影”面板，参数设置如图7-36所示。

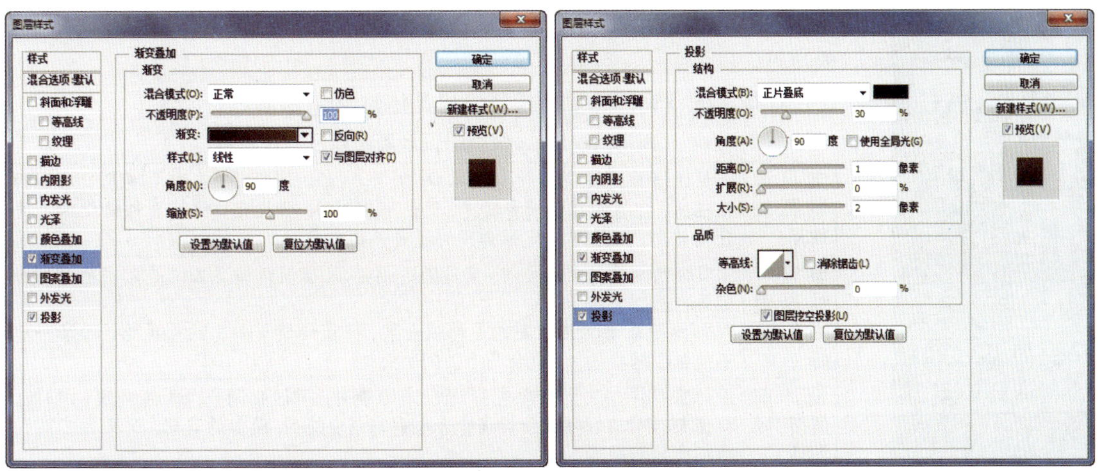

图7-36　设置图层样式

05 设置完毕后单击“确定”按钮。至此，本例制作完毕，效果如图7-37所示。

图7-37　窄幅客服图像最终效果

第8章

详情页设计与制作

本章重点

- 详情页的设计思路以及操作流程
- 详情页的格局构成
- 详情页的设计原则
- 详情页的设计与制作

在淘宝网开店，同行卖家都会有相同或类似的商品，如何让消费者选择你而非别家？想要提升购买转化率以及培养用户的黏性，让消费者下定决心在你的店铺购买、收藏并且下次再来，这一系列的触动都需要你的宝贝详情页面去传达和渲染，这也是吸引和抓住消费者到达购买区域的落实点。宝贝详情页直接决定着网店宝贝的成交与否。宝贝详情页不能太简单，也不能太具体甚至繁杂。

本章主要为大家介绍淘宝网店商品详情描述页面的设计与制作，案例制作之前首先要对详情页有具体的思路，之后再在上面进行详细的划分。

8.1 详情页的设计思路以及操作流程

很多新手美工以为做详情页，就是简单地摆放几张产品图片和产品尺寸，然后加一些参数表等。其实并不是这样。做详情页说简单也简单，说难也难，难就难在能否帮助店主将商品卖出去，帮助商家提升销量。打造一张优秀的详情页，大概要用60%的时间调查构思，确定方向，然后用40%的时间设计优化。

一个好的网店美工，不仅仅是美化图片、合成效果图，而且应该参与到运用中，将商品的描述详情做到图片中，掌握详情页的作用，放大商品的卖点。

详情页的设计思路以及操作流程具体如表8-1所示。

表 8-1 详情页的设计思路以及操作流程

宝贝详情页的作用	宝贝详情页是提高转化率的入口，激发顾客的消费欲望，树立顾客对店铺的信任感，打消顾客的消费疑虑，促使顾客下单。优化宝贝详情页对转化率有提升的作用，但是起决定性作用的还是产品本身
设计详情页遵循的前提	宝贝详情页要与宝贝主图、宝贝标题相契合，宝贝详情页必须是真实地介绍出宝贝的属性。 假如标题或者主图里写的是韩版女装，但是详情页却是欧美风格，顾客一看不是自己想要的，肯定会马上关闭页面
设计前的市场调查	设计宝贝详情页之前要充分进行市场调查，同行业调查，规避同款。同时也要做好消费者调查，分析消费者人群与消费能力，消费的喜好，以及顾客购买所在意的问题等
调查结果及产品分析	根据市场调查结果以及自己的产品进行系统的分析总结。罗列出消费者所在意的问题、同行的优缺点，以及自身产品的定位，挖掘自身与众不同的卖点
关于宝贝定位	根据店铺宝贝以及市场调查确定本店的消费群体。 例如，外出旅游住宾馆，有的小旅馆100元一夜卖的就是价格，卫生之类的都没有保障，定位于低端。有的连锁酒店200元一夜卖的是性价比，定位于中端顾客。有的大酒店400元一夜卖的就是服务。还有的主题宾馆卖的是个性等
关于挖掘宝贝卖点	针对消费群体挖掘出本店的宝贝卖点。 关于宝贝卖点的范围非常广泛，比如：卖价格、卖款式、卖文化、卖感觉、卖服务、卖特色、卖品质、卖人气等
开始准备设计元素	根据消费者分析以及自身产品卖点的提炼和宝贝风格的定位，开始准备所用的设计素材、详情页所用的文案，并确立宝贝详情的用色、字体、排版等。最后还要烘托出符合宝贝特性的氛围，如羽绒服背景可以采用冬天的冰山效果。 要确立的六大元素为配色、字体、文案、构图、排版、氛围

（1）如何进行调查？

答：通过淘宝指数(shu.taobao.com)可以清楚地查到消费者的一切喜好以及消费能力、地域等很多数据，学会利用这些数据对优化详情页很有帮助。另外，还可以通过生E经等付费软件进行一些分析。

（2）如何了解消费者最在意的问题？

答：可以去宝贝评价里面找，在买家评价里面可以挖出很多有价值的东西，了解买家的需求、购买后遇到的问题等。

8.2　详情页的格局构成

详情页从上向下依次由主图、左侧区域、右侧区域图组成，如图8-1所示。

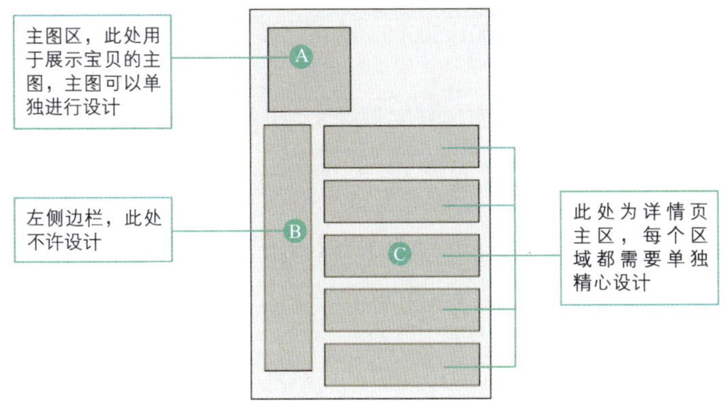

图8-1　详情页组成

详情页中C区是可以自由发挥设计的位置，从上向下依次为广告、卖点、细节图等，产品价值+消费信任=下单，详情页上半部分诉说产品价值，后半部分培养顾客的消费信任感。对于消费信任感不仅通过各种证书，还要利用品牌认证的图片来树立。另外，使用正确的颜色、字体及排版结构，对赢得顾客消费信任感也会起到重要作用。详情页每一块组成都有它的价值，都要经过仔细的推敲和设计，如图8-2所示。

图8-2　详情页可设计区域

其中的各项详细说明如下。

1. 创意海报情景大图

根据网上流传前三屏3秒注意力原则，开头的大图是视觉焦点，背景应该采用能够展示品牌特性以及产品特色的意境图，可以第一时间吸引买家的注意力。

2. 宝贝卖点/特性

根据FAB法则，有以下说明。(关于FAB可以参看百度)

Feature(特性)：产品品质，指服装布料、设计的特点；即一种产品能够看得到、摸得着的东西，产品与众不同的地方。

Advantage(作用)：从特性引发的用途，即指服装的独特之处，就是这种属性将会给客户带来的作用或优势。

Benefit(好处)：是指作用或者优势会给客户带来的利益，对顾客的好处(因人而异)。

例如，一台空气净化器。特点：静音，采用获得某国际认证的材料制成等。作用：可以比同行加倍除尘、除甲醛等空气有害物质。好处：给消费者带来安全静音的呼吸环境，减少呼吸疾病的困扰。卖点中出现的数字部分，如销量突破50000，50000这个数字要放大、加粗，以制造劲爆的效果和氛围。

3. 宝贝规格参数

宝贝的可视化尺寸设计，可以采用实物与宝贝对比，让顾客切身体验到宝贝的实际尺寸，以免收到货时低于心理预期。

4. 同行宝贝优劣对比

宝贝优劣对比：通过强化宝贝卖点，不断向消费者阐述宝贝的各项优势。

5. 模特/宝贝全方位展示

宝贝展示以主推颜色为主，服装类的宝贝要提供模特的三围、身高信息。最好后面可以放置一些买家真人秀的模块，目的就是拉近与消费者的距离，让消费者了解衣服是否适合自己。

6. 宝贝细节图片展示

细节图片要清晰有质感，并且附带相关的文案介绍。

7. 产品包装展示

通过店铺的资历证书以及生产车间方面的展示，可以烘托出品牌和实力，但是一个店铺品牌不是通过几张图片以及写个品牌故事就可以做出来的，而是在整个买卖过程中通过各种细节展现给消费者的。

8. 售后保障问题/物流

售后就是解决顾客已知和未知的各种问题，如是否支持7天无理由退换货、发什么快递、快递大概几天可以到以及产品有质量问题应该怎么解决。这一块做得好可以减轻不少客服的工作压力，增加隐含转化率，把复杂留给自己，把简单留给客户。

8.3 详情页的设计原则

淘宝的消费者在搜索商品时，是先搜索，然后碰到自己喜欢的，就直接进入宝贝详情页。所以，宝贝详情页是提高转化率的首要入口。

一个好的美工不应该只停留在技术层面，也应该有自己的思路和想法，在对详情页进行设计、制作时应该考虑以下几点：①引发兴趣；②激发潜在需求；③赢得消费者信任；④替客户做决定。

需要特别注意的是，由于客户不能真实体验产品，宝贝详情页是要打消买家顾虑，从客户角度出发，首先把自己定位成买家，看看什么样的详情页能够吸引自己。能够让买家感受到店家热情的除了直接的图片信息外，一句吸引人的语句、一句温馨的问候都能够让买家在第一时间产生冲动感，从而实现感性下单。对图片中文案的作用也不应该忽视，具体的应用应该按照以下几点：①文案要运用情感营销引发共鸣；②对于卖点的提炼要简短易记，并反复强调暗示；③运用好FAB法则，有需求才有产品，我们卖的不是宝贝，卖的是顾客买到宝贝之后可以得到什么价值!满足什么需求!让理性的顾客进来，最后是感性下单。

一个成功的详情页不单单是为了罗列商品的数据，应该让浏览者在视觉和文案中都能得到应有的享受。

8.4　详情页的制作过程

本节以休闲短款毛衣作为详情页装修目标，在设计时要布局，设置风格定位、配色方案等，对需要的素材进行详细处理，为详情页的局部进行单独设计，最后加以合成。

8.4.1　详情页框架

详情页在设计之前，一定要先对整体的设计效果起草一个框架，目的是在设计时不会盲目、无从下手。本章以休闲短款毛衣进行详情页设计，按照构成原则以及实体店的购买流程，首先设计商品的广告图来吸引买家；其次是展示商品本身的细节内容，让买家了解具体的卖点信息；再次是对商品与配套商品的组合推荐。根据以上分析，可以大致规划出本案例详情页的结构框架，如图8-3所示。

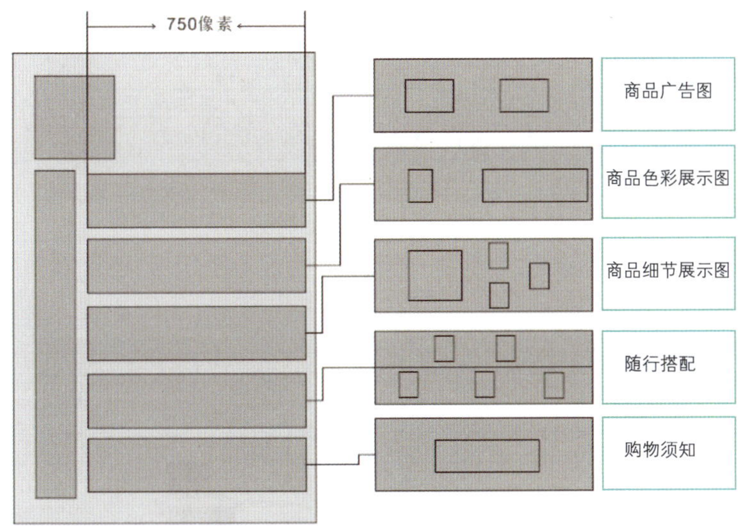

图8-3　休闲短款毛衣详情页的框架

8.4.2　商品广告区设计

详情页中的创意主图，在页面中主要起到第一时间吸引买家注意力的作用，从而使买家继续浏览详情页中下面的内容，商品广告区创意主图的具体制作步骤如下。

操作步骤

01 启动Photoshop，执行菜单栏中的“文件”→“新建”命令，新建一个“宽度”为750像素、“高度”为400像素、“分辨率”为72像素/英寸的空白文档，背景填充“青色”，新建图层填充“黄色”后为其添加一个图层蒙版，使用▣（渐变工具）对蒙版进行编辑，如图8-4所示。

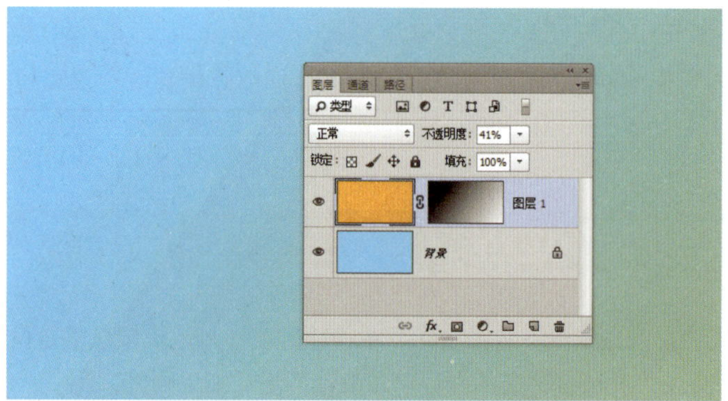

图8-4 填充颜色并编辑蒙版

02 使用▽（多边形套索工具）在下部绘制一个三角形选区，为其创建一个“亮度/对比度”调整图层，如图8-5所示。

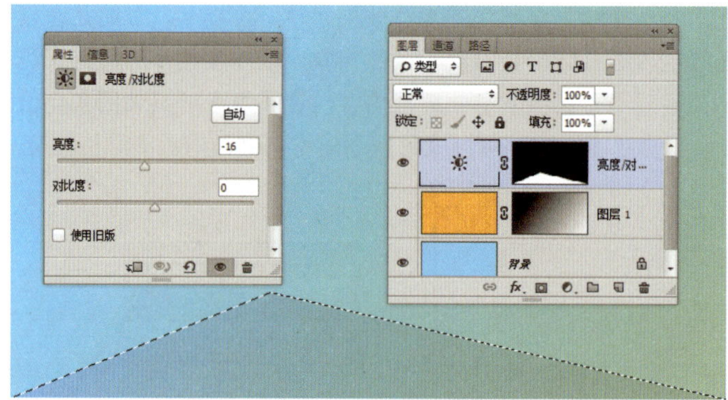

图8-5 创建调整图层

03 使用▽（多边形套索工具）在左侧绘制一个选区，为其创建一个“色相/饱和度”调整图层，如图8-6所示。

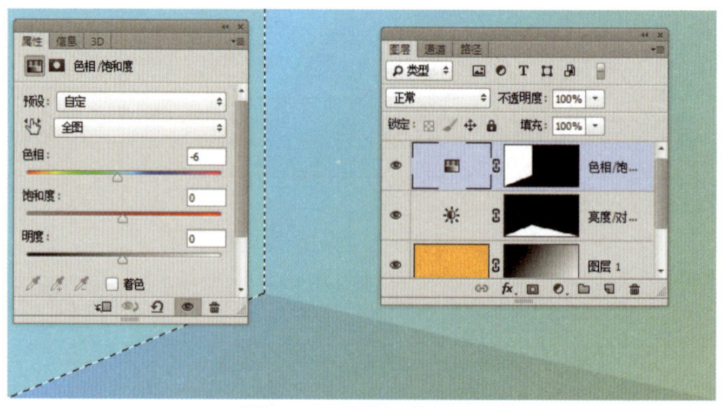

图8-6 创建调整图层

04 新建图层组，在组内新建图层，绘制紫色矩形，设置组的“不透明度”为23%，为图层组添加图层蒙版，并对蒙版进行编辑，效果如图8-7所示。

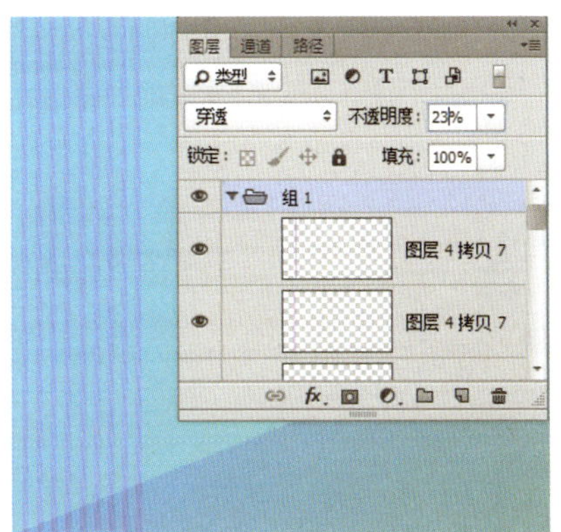

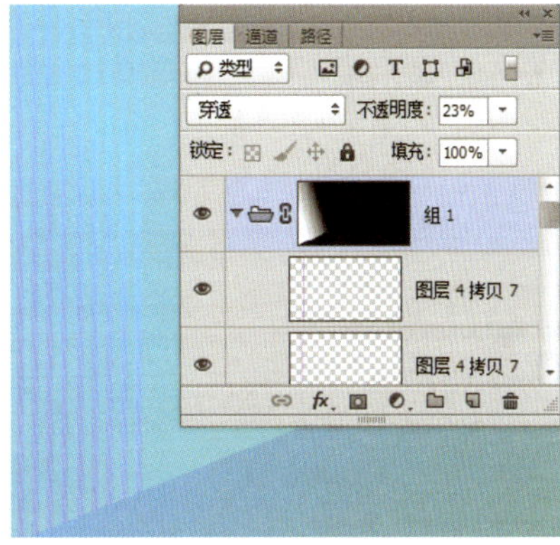

图8-7　编辑蒙版

05 输入文字，将文字图层做栅格化处理，绘制选区后按Ctrl+T组合键调出变换框，按住Ctrl键调整控制点，对文字进行变换处理，如图8-8所示。

图8-8　对文字进行变换处理

06 变换完毕后，将该图层的“不透明度”设置为15%，新建一个图层，使用（椭圆选框工具）绘制一个羽化值为50的椭圆选区，将其填充白色后进行调整以降低不透明度，如图8-9所示。

图8-9　填充选区并降低不透明度

07 移入素材，调整大小和位置，如图8-10所示。

图8-10　移入素材并调整

08 将前景色设置为“白色”，使用 （画笔工具）在页面中绘制画笔，如图8-11所示。

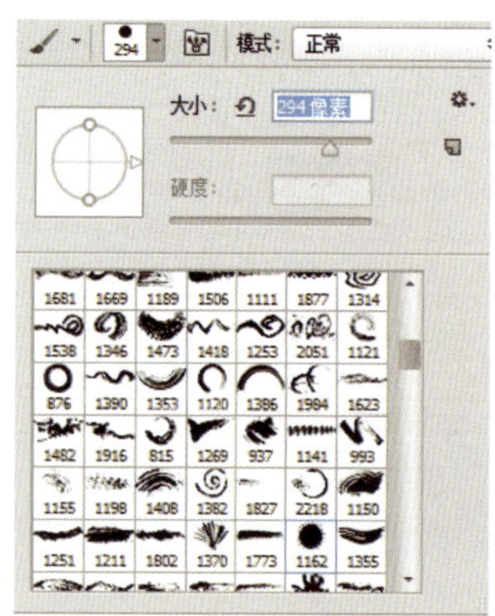

图8-11　绘制画笔

09 选择合适的文字字体在墨点上依次输入文字，绘制线条、图形，如图8-12所示。

图8-12　输入文字

10 移入蝴蝶、花瓣素材，将其拖曳到文档中，调整大小和位置，效果如图8-13所示。

图8-13　移入素材并调整

11 选取全部图层，按Ctrl+Alt+E组合键得到一个合并图层，执行菜单栏中的“滤镜”→Camera Raw命令，打开Camera Raw对话框，其中的参数设置如图8-14所示。

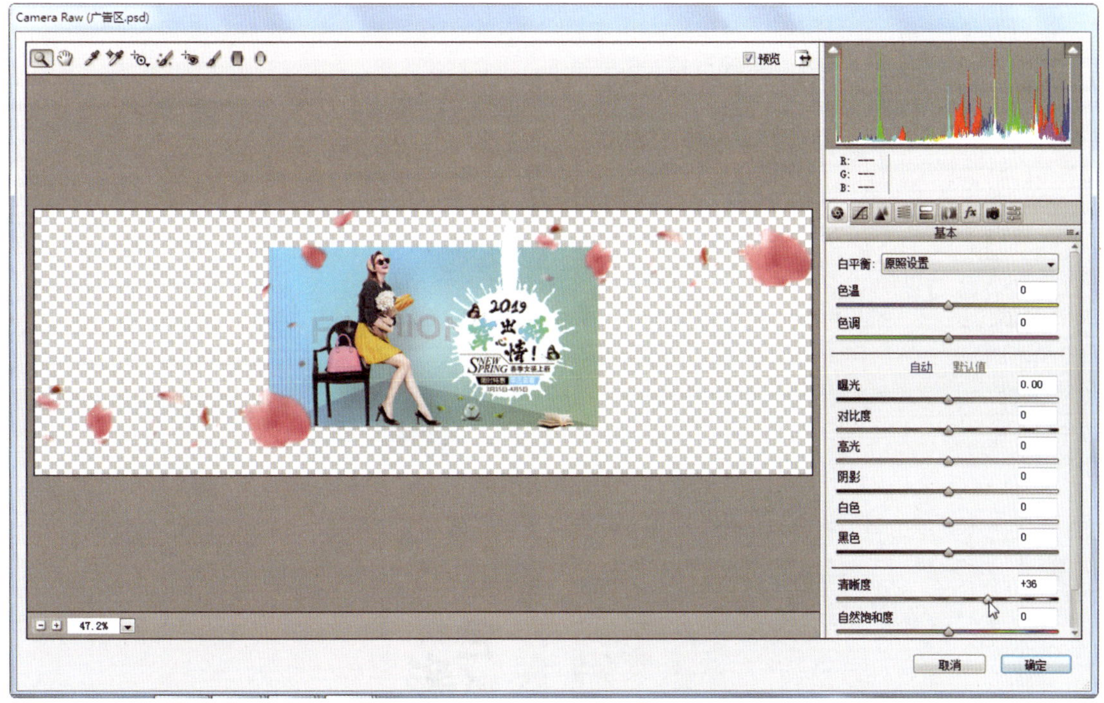

图8-14　Camera Raw对话框

12 设置完毕后单击“确定”按钮。至此，广告区制作完毕，效果如图8-15所示。

图8-15　广告区制作效果

8.4.3　商品色彩展示区设计

详情页中的色彩展示区，在页面中主要包括让买家了解商品不同颜色的详细介绍，具体制作步骤如下。

操作步骤

01 启动Photoshop，执行菜单栏中的“文件”→“新建”命令，新建一个“宽度”为750像素、“高度”为500像素、“分辨率”为72像素/英寸的空白文档，使用 （渐变工具）填充一个灰色径向渐变作为背景，将广告区中的墨点移入色彩展示区中并调整大小，如图8-16所示。

图8-16　填充渐变色并移入墨点

02 使用 （钢笔工具）在墨点上绘制图形，再输入文字，调整文字字体，如图8-17所示。

图8-17　输入文字并调整字体

03 选择毛笔字体的文字，执行菜单栏中的“图层”→“图层样式”命令，选择“渐变叠加”和“投影”选项，分别打开“渐变叠加”和“投影”面板，其中的参数设置如图8-18所示。

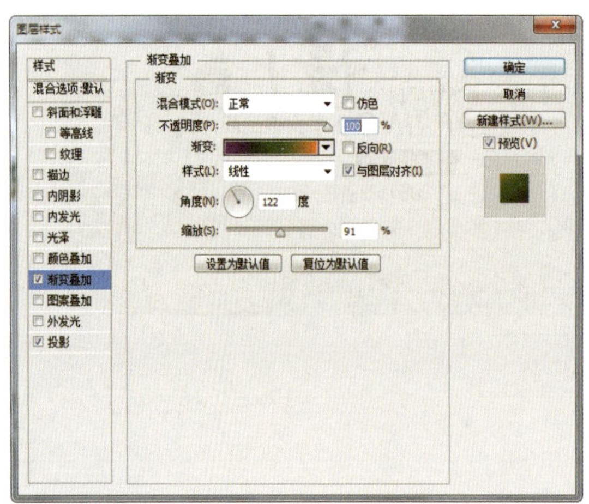

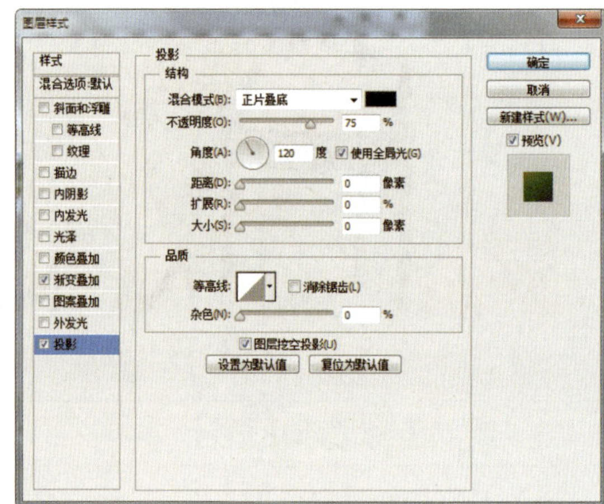

图8-18　设置图层样式

04 设置完毕后单击“确定”按钮，效果如图8-19所示。

图8-19　添加图层样式后效果

05 移入本例对应的素材，调整大小和位置，绘制白色线条，将其进行布局分区，如图8-20所示。

图8-20　移入素材并调整和布局

06 为白色线条添加内阴影图层样式，以增加层次感，如图8-21所示。

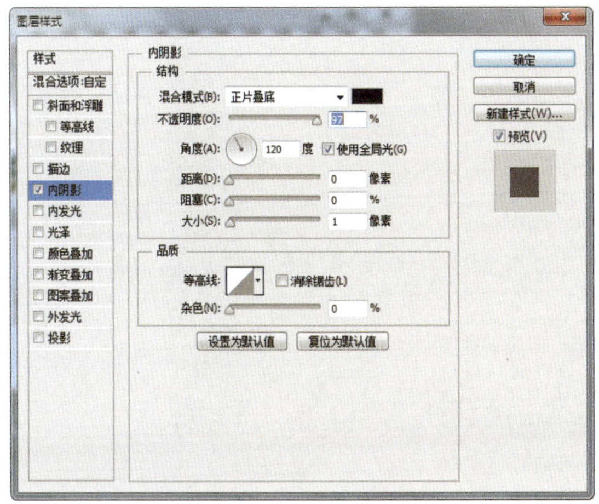

图8-21　添加内阴影

07 绘制灰色圆角矩形，降低不透明度，再输入文本并调整大小和颜色。至此，本例色彩展示制作完毕，效果如图8-22所示。

图8-22 色彩展示

8.4.4 商品细节展示区设计

详情页中的细节展示区，在页面中主要包括让买家了解商品各个部分的详细介绍，具体制作步骤如下。

操作步骤

01 打开广告区文档，删除背景以外的图层，再移入本例对应的“模特”素材，如图8-23所示。

图8-23 移入素材

02 执行菜单栏中的“图层”→“图层样式”命令，选择“投影”选项，打开“投影”面板，直接单击“确定”按钮即可；再执行菜单栏中的“图层”→“图层样式”命令，选择“创建图层”选项，将投影图层单独创建，按Ctrl+T组合键调出变换框，按住Ctrl键拖动控制点调整变换，设置“不透明度”和“填充”，如图8-24所示。

图8-24　调整变换

03 按Enter键完成变换，绘制3个焦糖色圆环，如图8-25所示。

图8-25　绘制圆环

04 绘制一个大圆环，移入"模特"素材，为其添加图层蒙版，只显示圆环内的图形，其中的参数设置如图8-26所示。

图8-26　添加图层蒙版

05 绘制一个白色圆环，效果如图8-27所示。

图8-27　绘制白色圆环

06 使用（椭圆工具）绘制一个形状，设置“填充”为“无”，“描边”为“白色”，样式为“虚线”，如图8-28所示。

图8-28　绘制形状并设置

07 单击“添加图层蒙版”按钮，为图层添加一个图层蒙版，使用（画笔工具）在虚线一侧涂抹黑色，效果如图8-29所示。

图8-29　编辑蒙版

08 新建图层，使用（多边形工具）绘制一个白色三角形，调整其方向和大小，效果如图8-30所示。

图8-30　绘制三角形

09 使用同样的方法，制作另外两个图层蒙版，调整蒙版对象的位置，效果如图8-31所示。

图8-31　制作并调整蒙版

10 使用（横排文字工具）在图像中输入合适的文字，将文字进行位置摆放，效果如图8-32所示。

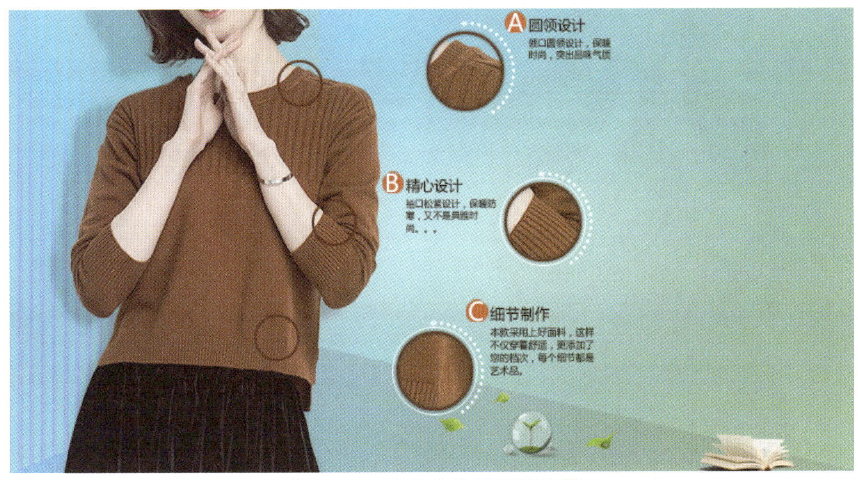

图8-32　输入文字并调整位置

11 移入色彩展示区图像中的墨点和上面的文字，将其改为细节展示，再新建图层，绘制选区，填充颜色，调整不透明度，效果如图8-33所示。

图8-33 移入图像并修改

12 输入文字，将文字和后面的图形创建成图层组，为图层组添加“投影”图层样式，效果如图8-34所示。

图8-34 输入文字并添加投影

13 使用同样的方法制作另外两个标签。至此，本例细节展示制作完毕，效果如图8-35所示。

图8-35　最终效果

8.4.5　随行搭配区的设计

详情页中的随行搭配区，主要展示与商品搭配的物品，具体制作步骤如下。

操作步骤

01 启动Photoshop，打开色彩展示区文档，将背景、墨点以外的图像删除，将文本改为“随行搭配”，如图8-36所示。

图8-36　删除图层并修改文字

02 再移入本例对应的“模特”素材，执行菜单栏中的“图层”→“图层样式”命令，选择“投影”选项，打开“投影”面板，直接单击“确定”按钮即可；再执行菜单栏中的“图层”→“图层样式”命令，选择“创建图层”选项，将投影图层单独创建，按Ctrl+T组合键调出变换框，按住Ctrl键拖动控制点调整变换，设置“不透明度”和“填充”，效果如图8-37所示。

图8-37 调整变换

03 按Enter键完成变换。移入模特背面素材，再移入与之搭配的素材，如图8-38所示。

图8-38 移入素材

04 将前景色设置为“白色”，绘制白色线条，将其进行布局分区，如图8-39所示。

图8-39 绘制线条

05 为线条图层添加“投影”图层样式，效果如图8-40所示。

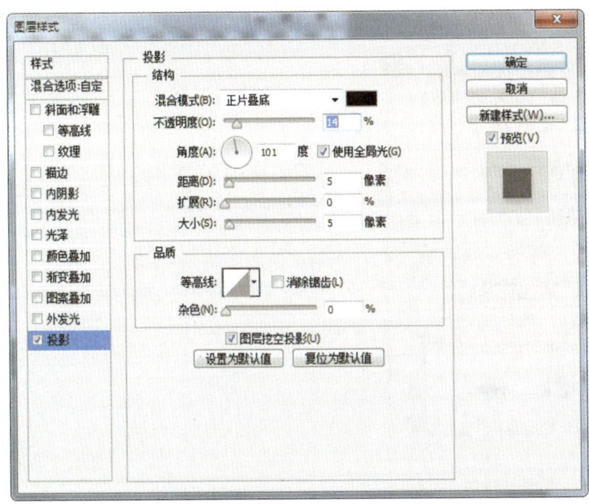

图8-40　添加投影

06 本着文本居中对齐的原则，输入文字并对齐，效果如图8-41所示。

图8-41　输入文字并对齐

07 绘制两条黑色线条和两个自定义污渍图形，效果如图8-42所示。

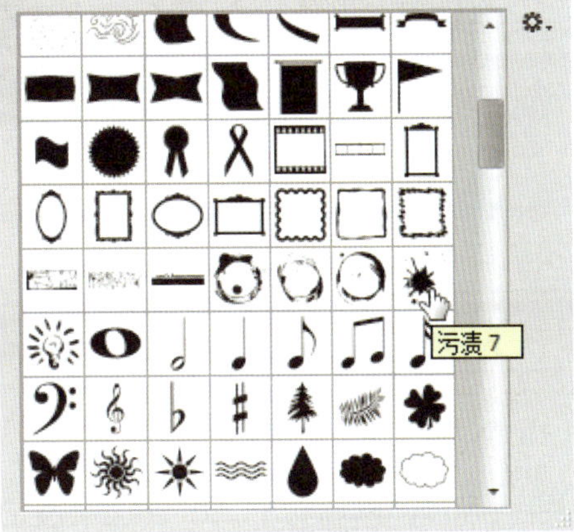

图8-42　绘制图形

08 为线条图层创建图层蒙版，使用黑色画笔进行编辑，如图8-43所示。

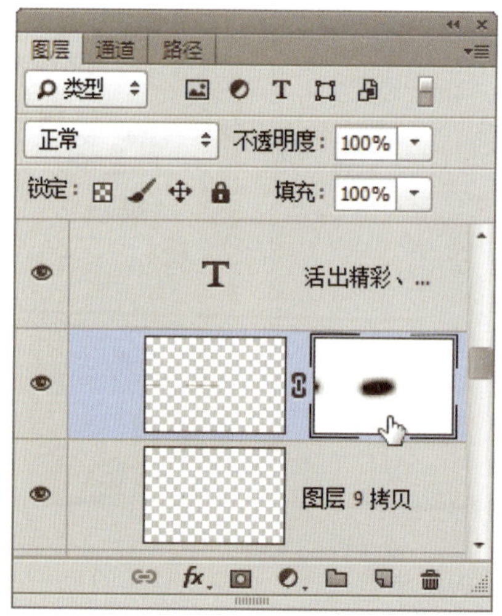

图8-43 编辑蒙版

09 至此，本例随行搭配区制作完毕，效果如图8-44所示。

图8-44 随行搭配

8.4.6 尺码区的设计

详情页中的尺码区，在页面中主要起到让买家了解商品的参数信息的作用，具体制作步骤如下。

操作步骤

01 启动Photoshop软件，执行菜单栏中的“文件”→“新建”命令，新建一个“宽度”为750像素、“高度”为306像素、“分辨率”为72像素/英寸的空白文档。

02 将“尺码”素材移入文档中，在上面绘制一个青色矩形，将“混合模式”设置为“变暗”，效果如图8-45所示。

尺寸(cm)	衣长	肩	长	下摆围
S	53	连	袖	
M	54	连	袖	
L	55	连	袖	
XL	56	连	袖	
XXL	57	连	袖	

图8-45　移入素材并设置

03 此时尺码区制作完毕，效果如图8-46所示。

尺寸(cm)	衣长	肩宽	胸围	袖长	下摆围
S	53	连肩袖	44	连肩袖	
M	54	连肩袖	46	连肩袖	
L	55	连肩袖	48	连肩袖	
XL	56	连肩袖	50	连肩袖	
XXL	57	连肩袖	52	连肩袖	

图8-46　尺码区制作效果

8.4.7　购物须知区设计

详情页中的购物须知区，在页面中主要起到让买家了解商家对店铺的承诺信息的作用，具体制作步骤如下。

操作步骤

01 启动Photoshop软件，执行菜单栏中的“文件”→“新建”命令，新建一个“宽度”为750像素、“高度”为225像素、“分辨率”为72像素/英寸的空白文档，将背景填充为与上面商品细节展示区一样的灰色。

02 新建图层，使用▭（矩形工具）在左侧绘制一个矩形并填充“青色”，效果如图8-47所示。

图8-47　绘制矩形

03 新建一个图层，使用 （直线工具）在页面中绘制2像素粗细的白色直线，效果如图8-48所示。

图8-48　绘制白色直线

04 使用 （横排文字工具）输入文字。至此，本例制作完毕，效果如图8-49所示。

COLOR
关于色差
SIZE
关于尺码
SALES
关于售后
Delivery
发货与退换货

COLOR
关于色差
商品照片均为专业摄影师拍摄，后期经过调整，尽量与实物保持一致，但由于灯光、显示器色彩等原因，可能导致图片与实物略有色差，最终请以实物的颜色为准。

SIZE
关于尺码
每款宝贝出厂的时候都会经过标准码试戴，因每个人的体型不同，感觉也会不同，对于尺码我们只提供建议，具体尺码选择请根据个人体型的实际情况来选购。如有疑问，可以咨询客服。

SALES
关于售后
建议旺旺方式联系，认准同一个客服咨询，可以得到更专业服务！我们期待您的光临，诚挚为您服务。您也可以根据描述说明选择自助购物，拍下所需要的颜色、尺码，需要发的快递信息，以留言的方式，我们会一一处理。

Delivery
发货与退换货
本店支持圆通、申通以及其他快递，我们坚持24小时内发货，每天16:00前拍下的订单当天发货，16:00后拍下的订单第二天发货。

图8-49　最终制作效果

8.4.8　合成详情页

合成详情页指的就是将之前制作的各个区域合成到一起，这是为了在上传宝贝中详情内容时更加方便，在“图片空间”中也更容易查找，合成详情页的具体制作步骤如下。

操作步骤

01 启动Photoshop软件，执行菜单栏中的“文件”→“新建”命令，新建一个“宽度”为750像素、“高度”为3000像素、“分辨率”为72像素/英寸的空白文档。

02 打开之前制作的各个区域的文档，如图8-50所示。

2019
穿出好心情！
NEW SPRING 春季女装上新
限时特惠
单击查看
3月15日-4月5日
色彩展示
焦糖色
Caramel color
NEW
Fashion wear
白色
white
红色
Red
黑色
Black
姜黄色
Ginger color
浅灰色
Light grey
灰色
Grey
粉色
Pink
A 圆领设计
领口圆领设计，保暖时尚，突出品味气质
B 精心设计
C 细节制作
本款采用上好面料，这样不仅穿着舒适，更添加了您的档次，每个细节都是艺术品。
局部展示
A 圆领设计 Circular collar
B 精心设计 Elaborate design
C 细节制作 Detail design

图8-50 打开素材

尺寸(cm)	衣长	肩宽	胸围	袖长	下摆围
S	53	连肩袖	44	连肩袖	
M	54	连肩袖	46	连肩袖	
L	55	连肩袖	48	连肩袖	
XL	56	连肩袖	50	连肩袖	
XXL	57	连肩袖	52	连肩袖	

COLOR 关于色差	商品照片均为专业摄影师拍摄，后期经过调整，尽量与实物保持一致，但由于灯光、显示器色彩等原因，可能导致图片与实物略有色差，最终请以实物的颜色为准。
SIZE 关于尺码	每款宝贝出厂的时候都会经过标准码试戴，因每个人的体型不同，感觉也会不同，对于尺码我们只提供建议，具体尺码选择请根据个人体型的实际情况来选购。如有疑问，可以咨询客服。
SALES 关于售后	建议旺旺方式联系，认准同一个客服咨询，可以得到更专业服务！我们期待您的光临，诚挚为您服务。您也可以根据描述说明选择自助购物，拍下所需要的颜色、尺码，需要发的快递信息，以留言的方式，我们会一一处理。
Delivery 发货与退换货	本店支持圆通、申通以及其他快递，我们坚持24小时内发货，每天16:00前拍下的订单当天发货，16:00后拍下的订单第二天发货。

图8-50　打开素材（续）

03 这里选择广告区，执行菜单栏中的“图层”→“拼合图像”命令，将所有图层合并，如图8-51所示。

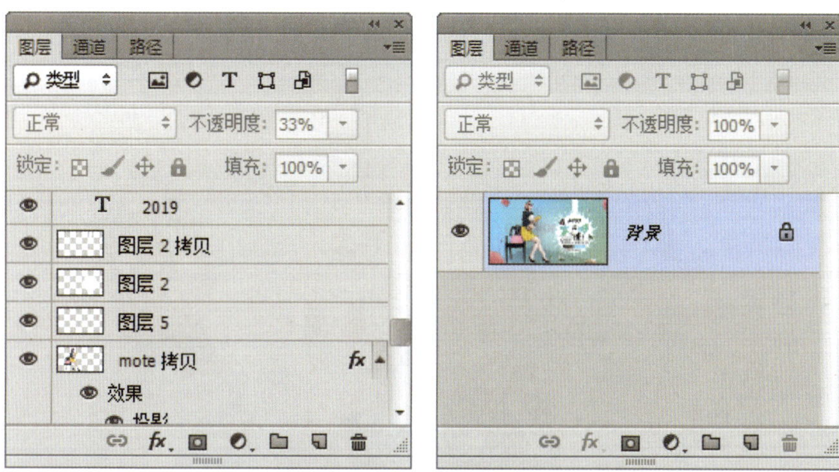

图8-51　拼合图像

04 将拼合后的图像拖曳到“合成详情页”文档中，效果如图8-52所示。

图8-52　移入图像

05 将其他的文档都拼合图像后，将图像拖曳到“合成详情页”文档中，拼合过程及效果如图8-53（a）~（e）所示。

(a)

(b)

(c)

(d)

图8-53　合成详情页

（e）

图8-53　合成详情页（续一）